"孔天威 博士和阿曼达·丁佩里奥·戴维斯列出了宣教的若干阶段，教会和机构可遵照完成各自的大使命。本书字里行间蕴含的智慧是通过在亚洲、非洲、欧洲和美洲十几年的宣教磋商会议积聚的。这里记录的成果都指向一个有效的程式。仔细检讨《八大阶段》，当地教会便能了解宣教的圣经依据，并获取所需要的实际步骤，以可持续的方式参与差派跨文化宣教士的大使命。这《八大阶段》程式清晰完整，全球教会可用以比肩合作，把整体教会拥有的宣教事工异象，落到实处。"

——约翰·布莱迪（John Brady），美南浸信会国际宣教部（IMB）全球战略副总裁

"宣教事工巨大而复杂。《持续宣教的八大阶段》为教会参与大使命提供了战略根基，帮助教会理解宣教的紧迫性，并战胜文化上的挑战。虽然世上许多民族长期以来一直是宣教的禾场，但是现在这些民族自己的教会也有机会成为在世上传扬基督的宣教力量，我们为此心存感恩。"

——彼得·亚内斯（Peter Yanes），美南浸信会亚洲-美国关系部执行总裁

"我投身这项事工已有32年。在参加过一次《持续宣教的八大阶段》研讨会之后，让我开始重新评估自己的事工——是否符合圣经，还是只是有样学样？我再也不会创建不以宣教为首要的教会了。"

——帕兰·拉玛萨米（Palan Ramasamy），马来西亚浸信会副会长

"《八大阶段》按程式是要创建一种文化，就是传福音、造就门徒、装备领袖，并差派信徒作为宣教士，为神的荣耀而得着万民的文化。谢谢你们，在教会中栽培我们，建立这种差派文化！"

——拉夫·加雷（Ralph Gary），北卡州浸信会国际开拓教会策划师

"《八大阶段》的程式互动度高、适应性强、信息量丰富，而且最重要的是涵盖的内容极具价值，能促使教会和差会派遣大量的宣教士。让我们都很欣赏的一件事是，我们可以在非洲各国采用这个框架，并结合实际情况进行本地化。"

——达伦·戴维斯（Daren Davis），IMB非洲撒哈拉以南工作组组长

持续宣教的八大阶段

持续宣教
的
八大阶段

建立教会与禾场之间的桥梁

孔天威 博士
阿曼达·丁佩里奥·戴维斯

国际宣教部（IMB）
里士满
2022 年

美南浸信会国际宣教部（IMB）印制
P.O. Box 6767
Richmond, Virginia 23230-0767

http://imb.org

Copyright © 2022 by International Mission Board, SBC

美南浸信会版权所有。未经出版商明确的书面许可，不得以任何方式复制或使用本书全部或部分内容，但在书评或学术期刊中作简短引用除外。

书中引用的经文取自中文和合本圣经。

ISBN: 978 1 7344 7678 1

编辑：罗宾D·马丁（Robin D. Martin）
封面及正文设计：爱德华A·克劳福德（Edward A. Crawford）
翻譯：格蕾丝和亚伯

*本书中带星号的姓名和身份信息，出于安全考虑，已经改名换姓。

成千上万的跨文化宣教工人将福音传遍各地，谨将此书献给他们。

目录

前言 xiii

第八阶段：禾场：定义宣教事工 1

第一阶段：当地教会领袖：扩张当地教会的异象 11

第二阶段：教会动员 19

第三阶段：当地教会事工：开拓健康的教会 25

第四阶段：栽培宣教人才 33

第五阶段：跨文化宣教计划 41

第六阶段：筛选和栽培跨文化宣教士 49

第七阶段：建立合作伙伴 63

结论 71

作者简介 75

附录 77

鸣 谢

我们首先要感谢IMB许多同事的贡献，他们参与了《八大阶段》程式中第六阶段"跨文化宣教士评估"这一部分内容的撰写。早期的宣教磋商会议让我们了解到差派教会和机构在部署国际宣教士时面临的许多挑战。事实证明，全面的评估程式很关键，有助于实现这样的目标，在适宜的时间将适当的人选送到合适的地方。这些同事包括凯利·戴维斯、特德·戴维斯、鲍勃·迪尔克斯、艾伦·加内特、拉里·盖伊、苏珊·盖伊、乔尔·萨顿和安迪·塔特尔。

前 言

这是我们参加过的最独特的活动之一。我们聚集在亚洲一个杂乱无章的城市，二十几个不同国家的主要宣教机构派代表一起会面，商讨合作事宜。那是2012年，我们聚集讨论全球宣教问题。虽然语言和文化差异很大，但与会者之间有一种团结精神。这种团结精神来自于我们对大使命的理解——神呼召各地教会和信徒完全接受"使万民作门徒"的命令。

虽然共同的异象令人振奋，但这些宣教士在世界各地一直面临的各种挑战却令人沮丧。 其中一个共同的问题是，宣教士在各自服事的禾场居留的时间不足够长，无法有效地分享福音。 事实上，据一家大型宣教机构的领袖分享，他所在机构宣教士的流失率徘徊在85%左右。当他说这句话时，我们都以为他是口误，认为他的意思是说只有85%的人能够完成最低限度为一年或两年的服事期。然而，他重复强调了自己先前的说法——他机构里只有大约15%的宣教士能够真正完成他们的第一个任期。

他的话令我们震惊，是我们没有预料到的。如果宣教士不能够留在那些失丧灵魂和需要福音的人中间，他们怎么能影响到这些失丧的人呢？我们调查了参加会议的其他代表，并通过坦诚的交谈发现，这种情况也发生在其他差会中。如何能够保证宣教士长期留在禾场，这是一个重大问题。当与会者了解到其他人也遇到同样的致命挑战时，大家就都想讨论这个问题。一位伙伴分享说，他觉得神很独特地从他的国家预备了宣教士，让他们去困难的地方，因为他们一生都在自己的祖国因信仰遭受迫害。然而，尽管这些宣教士有意愿为福音的缘故受苦，但其他因素却正在打败他们，高流失率造成了另一类型的苦害。这位伙伴问道："既然你有这么多年的经验，你能帮助我们少受点苦吗？"于他而言，他的痛苦缘于自己的宣教机构没有能力把宣教士留在禾场。

国际宣教部（IMB）致力于差派跨文化宣教士，在这方面拥有超过175年的经验。这次在大会活动中听到了诸多基督徒领袖奋斗的故事，也让我们意识到自己在帮助新的宣教机构建立差派程序方面出现了盲点。我们设在美国的机构其运转无论从架构、程序或政策上都未能恰当地解决非北美或"主体世界（MAJORITY-WORLD）"差派机构的需要。我们开始重新审视在讨论中不断浮现的两个问题：我们如何才能真正帮助这些合作伙伴建立起与他们各自国家的当地教会紧密合作的组织？我们怎样才能帮助他们在禾场留住宣教士，从而有效地致力于灵魂失丧的人群，并按照大使命的命令使人作门徒？

曾有的答案其实模棱两可。我们之前的设想只是将我们在北美的行政结构、方针和策略简单地照搬给主体世界的差派机构，但这无助于影响世上失丧的灵魂。全球的合作机构和众教会加大力度差派宣教士，值此之际，若我们希望提供服务，就需要发展新的范式。

寻求答案的过程让我们认识到，如果我们继续采用传统的方法，我们对主体世界有效差派宣教士的贡献将是微不足道的。我们必须向所希望服事的对象学习。因此，每当有机会对国际伙伴进行宣教评估方面的培训时，我们便在世界各地利用这些培训课程来聆听他们。我们听他们分享自己的异象，还有他们对神在他们生命中呼召的感受。我们也能够确定是哪些情况迫使他们的宣教士离开禾场回家，并帮助他们分析如何开展更有效和可持续的差派，如何做到最佳。

我们同样回顾了多年来自己机构所面对过的争战。纵观其历史，IMB不断重组其总部和外地机构，以满足不断变化的世界需要。正如世界局势并非一潭死水，没有一个机构可以永久不变。政治动荡、自然灾害、战争、政变和疫病也使得变革成为必要。虽然我们可以从过去的模式中吸取教训，但更重要的是，我们必须着眼于未来的需要，聚焦在如何更好地向未得之民和未得之地传福音上。同样地，我们必须与合作方一起努力，帮助他们分析他们所取得的成就，怀着对主供应的信心展望未来。

在接下来的六年里，应合作方邀请共同制定宣教评估方面的程式，我们到了亚洲、非洲撒哈拉以南地区、南美和中东。从亚洲超大城市摩天大楼的第19层到湄公河畔的毛竹小屋，我们在不同的地点与信徒会面。

所有这些信徒都在努力接受他们在大使命中的角色。虽然各位合作方谈了诸多关切的话题，但当我们了解到他们遭受的各种挑战后，就总结出一些共性问题。然后，在2019年，在其中一次磋商会议快结束时，我们在在会议室墙上贴满了挂图纸，在上面列出了我们观察到的所有挑战。

前言

共性问题是明显的。我们的大部分观察结果分为八个基本领域。我们意识到,为了真正帮助到全球的合作方,我们需要帮助他们分析他们各自在这八个领域的具体情况,然后帮助他们制定方案,多多开发他们认为最能扩大其宣教士差派能力的领域。这样便有了《持续宣教的八大阶段》这本书。于合作方而言,虽然分析必须是他们自己要做的事,但我们的作用是帮助他们驾驭这个过程。

《八大阶段》很简单。对于福音派群体来说,这些概念并非新事。事实上,这种简单性正是《八大阶段》的魅力所在。当我们按照《八大阶段》进行磋商时,会对每个阶段进行剖析,以评估教会或差派机构的现状,并帮助该团体制定计划,推进其宣教工作。

以此为例,让我们重新审视一下宣教士要留在禾场会遇到哪些争战。逐条审视这八大阶段,对于防止宣教士流失是有帮助的。第四阶段"栽培宣教人才"概述了在当地教会群体中可用于集体讨论的圣经查考内容,以帮助宣教志愿者辨别自己是否得到呼召去宣教,以及他们是否做好了心理准备。第六阶段"筛选和栽培跨文化宣教士"涵盖了宣教士评估的五部分内容,如:确定宣教志愿者资格和能力的程式。第七阶段"建立合作伙伴"则让我们认识到,教会和机构,无论大小,在差派宣教士上不可能成为面面俱到的专家,都需要与其他机构合作,建立周到全面的程式。第八阶段"禾场:定义宣教事工"详细说明了宣教事工所要求的内容,以及在特定地点和特定工作中需要具备哪些独特的能力和资格。

这些阶段按步骤指导教会或组织在适宜的时间将适当的人选送到合适的地方。借助这些阶段按步骤的查考,教会和宣教志愿者得以参与其中,在群体面前回答这些问题,这是一种健康的方式,可以为各方做出最好的决策:如准宣教士、教会、机构和在禾场作工的其他人。通常情况下,倘若其中两三个阶段出现了重大缺陷,便会阻碍宣教士的差派工作,甚至已经在禾场的宣教士也无法留住;即使勉强留下来,效果也是不甚了了。

在本书中,我们将描述和解读每个阶段背后的概念,并引用世界各地的实际案例加以研究。然而,仅有知识是不够的。我们希望以知识建立根基,从而带来实际的变化,或如罗马书12:1-3所述的转变:"……只要心意更新而变化,叫你们察验何为 神的善良、纯全、可喜悦的旨意。"每个阶段都有针对的案例研究,对于已经做过的评估,对于合作方随后如何制定和实施计划,以应对特定的挑战并扩大其宣教能力,都做了强调。这种预期的转变更有可能在群体中发生——因为在群体中,具有共识的人一起研读圣经，分析他们在八大阶段中的每一步的具体情况，并协商制定共同的工作方案，更充分地接受他们得到的呼召，实现大使命。

宣教责任是归教会、信徒，还是机构呢？这方面的研究著作汗牛充栋。答案是，三者都有责任，而且三者必须一起合作。信徒个人是当地教会的一份子。机构提供不同的资源，可以弥补许多教会无力解决的不足。因此，问题不在于谁负责，而是在于我们如何能利用好这三者的优势？

本书另一独特之处在于我们开始的地方——不是从第一阶段开始，而是从第八阶段"禾场"和执行"宣教事工"开始。这个阶段对整个宣教过程至关重要。倘若我们真要搭桥铺路到达目的地，我们必须首先知道自己的前进方向。大使命的完成情况取决于与那些从未听说过福音的人分享福音的效果。因此，于任何宣教士差派机构而言，"宣教事工"的执行情况才是至关重要的，以此证明是否完全接受了大使命。

我们希望这本书能激励到你，分析你现在的状态，并采取措施使贵教会或机构最大限度地参与到大使命中。神把这个使命交给了所有的信徒和教会；当你借着圣言、祷告和与其他信徒的磋商会议认真地寻求他的旨意时，他将为呼召的成就开道路。

让我们都能从神话语中的诸多应许得到鼓励。例如，哥林多后书9:8说："神能将各样的恩惠多多的加给你们，使你们凡事常常充足，能行各样的善事。"

孔天威（教育学博士）
阿曼达·丁佩里奥·戴维斯（教牧学博士）

1

第八阶段

禾场

定义宣教事工

迈克和贝丝（我们称"克莱默夫妇*"）意识到神的呼召，要他们去海外做宣教士。当这个消息传开后，德克萨斯州的这间小小的教会立刻沸腾了。随着克莱默夫妇的信息分享，整个团契到处洋溢着宣教的气氛。克莱默夫妇开始做前期预备，包括筹资、办签证，并收拾一家四口的行李，以便前往海外。克莱默夫妇有一个7岁的儿子比利和一个16岁的女儿克里斯蒂。虽然他们明白这次移居海外对孩子们是挑战，特别是在克里斯蒂这个年龄段，但他们认为必须紧紧跟随神对他们生命的呼召，否则便是不顺服神。

迈克和贝丝似乎也是理想的宣教志愿者。迈克是教会的长老，也是当地企业里事业有成的销售经理。他在自己的圈子里传福音，还很有效果；克莱默夫妇每周还在家里带领查经小组和祷告会。他们认为自己在当地教会的事工已经为将来的海外服事做好了预备。各项工作推进得很快，没过几个月，克莱默夫妇便发现自己去的是一座拥有数百万人口的东亚城市。他们要学着适应那里的生活，要学习世上一种更复杂的语言——完全不同于他们的高中英语和西班牙语的一种语言。

　　移居海外的兴奋感很快就烟消云散了，因为克莱默一家几乎在刚安顿下来便开始遇到麻烦。他们得到的经济支援从一开始就捉襟见肘。刚到海外时，汇率又发生了变化，当地货币升值了。由于这种汇率波动，他们失去了近20%的购买力。语言学习也带来了意想不到的挑战。事实证明，贝丝在语言学习上很优秀，与他们的语言老师处得很好。然而，迈克却发现自己患有未明的听力损失。他们正在学习的语言讲究升降调，他却发现自己很难听出区别，也很难发出正确的声音。他以前从未有过依赖贝丝进行交流的情况。他还发现，当地文化背景下的服事与在家乡带小组大为不同。人们提起的问题他完全一头雾水——比如拜祖宗和敬鬼神等问题。他们的事工做到这份上，不得不借助翻译开展工作；又常常怀疑翻译是否明白他们所说的内容。

　　在禾场工作六个月之后，各样问题还是接二连三出现，挫败和失望感与日俱增。这对夫妇开始怀疑主是否真的参与了这次宣教行动。他们是不是误解了神的带领呢？或许他们家乡教会的信徒也误解了神的意思！

　　在异国他乡的头六个月里出现了一个最严重的问题，他们为女儿克里斯蒂的情绪状态深感担忧。他们搬到东亚的新家没几个月的时间，克里斯蒂就过了她17岁的生日。她开始深深怀念远在德克萨斯州学校和教会的朋友们。虽然她是个好学生，上网课的表现也很好，但她就是想念与朋友们的社会交往。克里斯蒂说不好东道国的语言，无论她如何努力，当地教会的年轻人都不接受她。她的思乡之情让她情绪深陷抑郁，难以自拔。克莱默夫妇越来越担心克里斯蒂和她的精神状态。在禾场工作还不到一年，心理辅导员便建议他们全家返回美国，彻底治疗克里斯蒂的抑郁症。

第八阶段－禾场：定义宣教事工

意想不到的挑战

宣教士在禾场遇到困难并不是什么新鲜事。事实上，新宣教士应该预料到会有挫折，而且大多数岗前培训项目都会帮助各个家庭了解他们可能面对的许多挑战。无论是跨文化宣教士家庭或个人，不管他们来自何方，这些问题都会给他们带来巨大压力。就迈克和贝丝夫妇这个案例而言，他们如果在移居海外之前能够对《持续宣教的八大阶段》中的若干内容加以关注，必有助于他们做好应对入住后挑战的准备，甚至有可能帮助他们避免某些难处。宣教事工也是在《持续宣教的八大阶段》的最后一步中定义的，它为准宣教士提供了许多值得考虑的问题。我们将在本章研究这一重要概念。

老话曾说："人无目标不立，事无目标不成"。有时，个人带着极大的期望和热忱前往禾场服事，成为宣教士。然而，他们对自己真正想要做什么，需要做什么，到达那里的途径，甚至如何开始，都一无所知。新来的宣教士往往会关注那些立竿见影的事儿，比如为当地社区提供某项服务，只是这样的服务项目对于完成大使命的目标影响很小。了解宣教事工，即宣教士要去的地方和需要做的事情，对于搭建通往那里的桥梁至关重要。

让我们结合克莱默夫妇的情况来看看宣教事工的含义。迈克和贝丝在他们家乡的时候拥有很好的事工经历；他们对圣经内容了如指掌；在本土文化中传讲自己的信仰可以侃侃而谈。然而，他们几乎没有接受过与宣教事工诸要素有关的培训，特别是"进入"和"传福音"这样的重要环节。关于世界观和文化背景差异的岗前培训，能够帮助他们了解如何接触他人，并用圣经解决他们生命上的问题。因为缺乏这种基本了解，当克莱默夫妇经历到文化冲击，并且发现与他们自己完全不同世界观的时候，他们感到震惊不已。同样地，他们也不知道该从哪里开始分享福音或进行基本的门徒训练，该如何在异国文化中建立教会就更是所知甚少了。

针对许多差派实例的分析表明，在太多情况下，机构或教会差派宣教士前往迥异于己的禾场，而对之又很少甚或根本不做任何培训。"宣教事工的构成要素"[1]可作为指南，帮助宣教士在未得之民或未得之地建立和维持大使命战略。这些要素包括：进入、传福音、门徒训练、开拓

---

1 《根基（Foundations）》里"宣教事工"一文（弗吉尼亚州里士满：IMB，2018年），第75-101页。

健康的建立教会、领袖栽培，以及离开（委托后离开），一切都是活在基督里。通过对宣教事工的研究，可以对需要完成的任务与达成目标的途径有一个清晰的认识。此外，宣教事工的构成要素可以为宣教士提供工具，让他们了解工作环境，以及在该环境下工作所必需的能力和资格。

进入。进入可不只是指人进去了。宣教士要进行有效的跨文化事工，进入禾场是很重要的一环。进入的第一要素是调查：了解目标人群。这项研究可能包括当地历史、人们的世界观、信奉的宗教、福音宣扬的状况、是否有圣经翻译（口语和书面），以及其他相关的因素，如该地区的识字率、经济形势和宗教迫害情况。新来的宣教士在进入时就了解这些不同的方面，可以帮助他们确定从哪里着手。如果克莱默一家了解他们所进入的东道国文化下人们的世界观，他们完全可以查考适当的经文，解决他们在传福音和做门徒训练时所面临的问题。

进入这个环节涉及的其他方面是身份和居留权问题。在这里，克莱默夫妇能够以宣教士的身份正式在他们的城市生活；但在基督教宣教士不受欢迎的国家或地方，宣教士必须以另一种合法理由进入。此外，与人接触不只是意味着居住在他们的村庄或城市里，还意味着始终与当地人过同样的生活，进行有意义的互动。对于那些会被经常问到的问题，宣教士必须事先准备好如何回答。那些问题包括："你是谁？"、"你是做什么的？"以及"你为什么在这里？"

传福音。了解如何在当地做好宣教事工可能是一项艰巨的工作。在提请准宣教士定义宣教事工的时候，大多数人的答案都集中在传福音上，他们最常见的回答是"分享福音"。既然传福音是任何宣教策略的基础，宣教士就必须理解大使命的全部内容，并将其应用于当地。圣经规定要"使人作门徒"，其中蕴含的内容远远超过分享福音。在进入阶段，调查时所获得的信息有助于了解当地人的世界观，进而确定能够回应该世界观的具体经文，并学会一些关键的当地语言的术语，以充分传达完整的福音信息，并帮助新信徒成为门徒。根据目标民族或地方可接近的难易程度，宣教士或宣教机构可能必须制定一定的进入策略，通过救济事工、扫盲计划和医疗保健项目来展示福音。在使用这些方法的时候，我们一定要避免发展出一种对外部支援的依赖性，就是吸引来一群"吃教者"，即那些单是为了这种关系能够带来物质利益而去亲近国外宣教士的人。因此，发展适当的合作方的很重要，将在宣教的第七阶段中讨论这个话题。

第八阶段－禾场：定义宣教事工

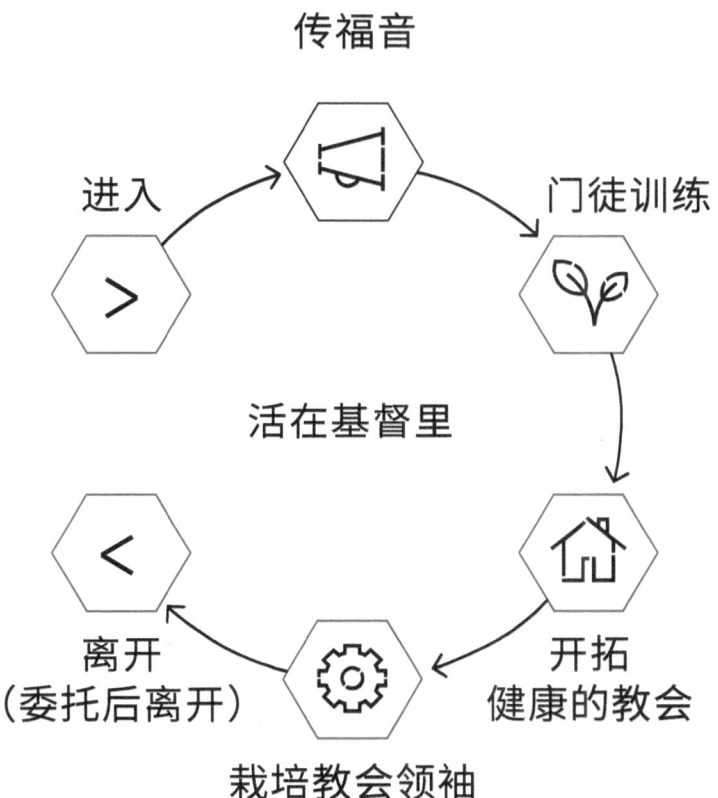

门徒训练。与未得之民或在未得之地打交道的宣教士，当主赐给传福音的果子之时，他们必须随时采用门徒训练策略。大使命的本质是"使人作门徒"。为了教导他们"遵守他所吩咐的一切"，门徒训练以研读神的话语为要。这一定是超出知识积累的范畴，还包括操练和对神话语的顺服，从而带来生命的转变。这种转变影响到一个人的全部，包括心灵、思想、情感、意志、关系和目的。[2]基督徒的门徒训练是终身性的学习，门徒只有委身在基督的身体——他的教会里，遵守祷告、研经、背诵经文、敬拜和承担服事工作等属灵操练，生命才能发生转变。这将我们引向宣教事工的下一个要素。

---

2 《根基》杂志"宣教事工"一文，第84-89页。

开拓健康的教会。基督徒的生活并非与世隔绝,而是要与信徒们保持连接。即使在遭受逼迫、需要保证高度安全的情况下,信徒们也要想办法聚集在一起,敬拜神、研经、祷告、彼此扶持和服事群体。在当地教会的支持下,也才能有效地完成门徒训练。

不同环境下的教会形式各有不同。有的当地教会空间有限,有的当地教会存在安全约束,它们只能采取小型家庭教会的形式,仅容纳少数人聚会。在其他情况中,教会可能租用甚至买下房产,能够召集大型聚会。不管是什么情况,《健康教会的十二个特征》[3]都可以作为衡量当地教会健康状况的有用参考。持续宣教这一方面的内容将在第三阶段"当地教会事工:开拓健康的教会"这一章中会有更多的阐述,因为它对能否差派出健康的宣教士至关重要。

栽培教会领袖。栽培教会领袖是宣教事工的一个关键要素。所有教会都需要有当地的领袖。使徒保罗在执行这条宣教命令上做了很好的榜样。他一直坚持培养当地教会的领袖,安排他们在他自己创立的、具有影响力的教会中担任长老或牧师。同样地,从宣教士发起开拓教会的策划时起,宣教士就必须把建立当地领袖的异象牢记在心。培养当地教会领袖是开拓健康教会必不可少的要素。

神在为自己的教会设立领袖的时候,可以从领袖必须"要具备的是什么"、必须"要明白的是什么"和必须"要做的是什么"的角度来理解做牧者的资格。[4]教会领袖"明白"的特征表现在个人追求知识增长的愿望和能力上,特别是在了解神话语的愿望和能力上,以此在适合个人情况的条件下获得神学方面的教育。

最后,教会领袖"做"的特征应该始于他们自己对属灵操练的实践。长老和牧师应该具备牧养当地教会所需的技能,其中包括教导圣言的能力,其牧养责任的重点是"成全圣徒,各尽其职"(弗4:12)。

那些被神分别出来做当地教会领袖的人并非完美无缺。不过,在考虑某人担任教会领袖时,宣教士们要借助圣经规定的领袖资格来进行审核,即提多书1:5-9节和提摩太前书3:1-7节的内容。重要的一点是,我们要认识到,使徒保罗在预备这些门徒的时候操心费力,付出了很多心血;他有这样的认识,就是栽培和培训门徒不能偷工减料。同样地,在提摩太后书2:1-3节,保罗提请提摩太着手栽培和培训教会的领袖。经

---

3 《根基》杂志第七期,"宣教事工"一文,第90-93页。
4 《根基》杂志"宣教事工"一文,第94-97页。

过跨文化宣教士对未来教会领袖的培训，部分人被证实不能胜任这项事工；其他人经过指导和培训，会表现出成长和成熟，以至于他们能够得到当地教会的肯定，因为他们表现出了"是"、"明白"和"做"的特征。

离开（委托后离开）。宣教士的目标应该是先创建健康的教会，然后再挑战这些教会，使其加入到将福音传给未得之民的事工中去，并以建立健康的教会为同样的目标。理想的情况是，随着教会运转得日渐成熟，宣教士们便可以从初始事工中抽身出来，更加专心于新的未得之民和尚无教会的社区。这并不意味着宣教士们放弃了原有的工作；他们可以继续保持支援和培训的密切关系。使徒保罗与他在世上建立的教会便保持着关系。他一有机会就会回访这些教会，或写信肯定他们的成长，挑战他们表现软弱的地方，进而使他们加深对福音的理解。保罗书信的精髓是，所有教会都需要回应圣经里的命令，完全接受大使命。每开展一项新工作，宣教士从一开始就应该把大使命放在人们面前。然后，当宣教士准备离开，接着到其他地方传福音的时候，当地的教会已经完全可以运转了。《持续宣教的八大阶段》的基本前提是帮助教会了解他们在大使命方面的呼召，并制定方案和发展合作关系，帮助他们参与这项任务。

活在基督里。虽然宣教事工的每一项构成要素都很重要，但支撑所有这些要素的核心是宣教士活在基督的里面。宣教士的属灵品格是宣教事工的核心所在。最有效的宣教工作，将由那些与主紧密同行，并像圣经中提到的像孩子一样住在他里面的人完成（约15）。如果宣教士自己没有成长为门徒，那么培训、专业知识和智慧将毫无意义。因此，活在基督里是贯穿宣教事工整个过程的重要特色。

过程奏效时

在克莱默一家的案例中，倘若他们找到了解决迈克未明听力损失的办法，他们便可能是适当的人，而且去的可能也是合适的地方。然而，他们宣教展开得却不是适宜的时间。他们对宣教事工的内容以及如何有效委身禾场所需的条件缺乏了解，再加上他们的女儿难以适应海外生活，大大削减了他们在禾场的事工效果。相比之下，让我们再回顾一个案例，应该有所帮助。在另一案例中，差派的团队完全理解宣教事工的内容。

正因为如此，这个团队的宣教士能够保证留在禾场，长久作有效的福音见证。

古巴这个岛国以其医学院和高素质的医生而闻名于世。此外，近几十年来，古巴输出了成千上万名经过系统培训的高技能医疗专家，许多国家也派留学生到古巴接受医疗培训。

近年来，古巴浸信会一直在当地教会培训并差派跨文化宣教士，把福音传到拉丁美洲那些未得之民和未得之地。这些宣教士中有几位是医生。他们响应神的呼召，离开古巴，在国外服事和分享福音。

有一对古巴夫妻雷蒙和约兰达（我们称"加西亚夫妇*"）搬到了哥伦比亚，在一个与原住民保留地相邻的城市加入IMB的宣教团队。虽然美国宣教士就住在原住民保留地附近，当地政府官员坚决不允许他们进入保留地。然而，当他们听说有一位古巴医生来到这个城市时，官员们向加西亚医生提出一项请求。在限定的保留地有22个原住民村庄，一位卫生官员问加西亚医生是否愿意帮助培训居住在那里的医疗保健人员。这位古巴宣教士医生因而有充分的机会进入每个村庄，在保留地内培训符合岗位要求的医疗保健人员。这位官员心知肚明，古巴医生是宣教士，因为加西亚夫妇居留在哥伦比亚持的是宣教士签证。不过，这位官员想利用这位古巴医生的技能，以及他愿意进入那些哥伦比亚本国医生不愿意工作的村庄。

由于加西亚夫妇加入的宣教团队了解当时形势下的安全情况和政治限制，他们因而能够制定相应的战略，不仅获得准入，而且通过向那些与世隔绝的村庄提供医疗护理服务赢得了信誉度。这种持续的接触为分享福音和后续的门徒训练提供了机会。在这种情况下，适当的人选在适宜的时间来到合适的地方，有三个重要原因。首先，古巴宣教士来自相似的文化背景，也会说市井语言西班牙语。第二，加西亚夫妇的医疗背景使他们能够进入一个以前无法进入的地方。最后，时间刚刚好，因为政府官员认识到了自己的需要，而驻在城市的宣教团队又为宣教士们居留该国提供了签证。所有这些因素都有助于古巴宣教士在未得之民中充分参与宣教事工，并促进了其他人加入他们的事工队伍。

能够将宣教士留在禾场的关键，是充分了解宣教士在日常服事中实际在做些什么。这意味着接受基督大使命的教会必须对宣教事工有清楚的了解。

本书从《持续宣教的八大阶段》的最后一个步骤开始，因为我们必须弄清楚我们要去哪里，到了那里我们要完成什么目的。《八大阶段》

第八阶段－禾场：定义宣教事工

是一种方法，旨在建造一座从当地教会直达禾场的桥梁。一旦明确了目的地的异象，我们就可以退下来考虑沿途的每一步。本书的下一章将讨论当地教会领袖对激励当地教会参与宣教事工实现大使命异象的重要性。

持续宣教的八大阶段

第一阶段

当地教会领袖
扩张当地教会的异象

　　索菲亚*是当地教会的一名宣教动员者。几年前,一位在她所在拉美城市作工的跨文化宣教士对她展开了门徒训练,让她了解了宣教的事情。当索菲亚钻研圣经时,使徒行传1:8节给她留下了深刻印象:"……你们要在耶路撒冷、犹太全地和撒玛利亚,直到地极,作我的见证。"

　　索菲亚对耶稣的爱,并她希望看到各国各族都敬拜基督的愿望,开始成为她生命的重心。

　　然而,其所在教会的领袖当时的主要兴趣是在他们的城市周围开拓教会,建立分堂。亚历山德罗*牧师有一个"为基督得着那城"的异象,与城外无涉,更不要提得着万国万民。作为教会中唯一的牧者,他将自己的大部分时间用于牧养群羊，并围绕开拓教会开展各项服事工作。亚历山德罗牧师没有时间和精力去关注更多的事情。虽然索菲亚支持牧师的异象，参与开拓教会和传福音，但她还是觉得教会没有完全顺服大使命，当然也就不关注他们城市以外没有福音见证的族群了。

索菲亚告诉亚历山德罗牧师，她感觉到神的呼召，要去南亚传福音给当地失丧的灵魂，他很抵挡。索菲亚已经受过神学教育，甚至已经联系了一家差派机构。不过，尽管亚历山德罗牧师最终同意她去南亚，但他告诉她，教会不能提供经济支持，因为她想在另一个国家服事的愿望不符合教会的事工安排。她最终从朋友、家人和其他教会筹资，得到帮助。她搬到南亚，在那里加入了一个现成的宣教团队。

当她写信给母会，与他们分享神在南亚的印度教徒中所做的事情时，有些人不明白她为什么要去那里，而他们自己的城市中有那么多人还没听到福音。结果，索菲亚得到的经济支援越来越少。她的团队派她回家筹集更多经费，以便她能够返回南亚。回到拉丁美洲后，她分享了神如何使用她将福音传给许多男人、女人和家庭的见证。但是即使如此，她的教会和牧师仍然不支持她，而她也无法筹集到支持她返回南亚所需的资金。在南亚富有成果的事工似乎就要这么结束了。然而，一位宣教队友建议，也许神对她有不同的计划；也许她回到家乡是为了动员教会派出更多的宣教士到南亚，成为失丧灵魂的光。

当她与同样热衷于国际宣教的朋友丹妮拉*分享此事时，她们决定开始为所在城市的所有牧师和教会祷告，希望成为高举大使命的教会。他们祈祷，牧师在阅读圣经时，可以看到大使命贯穿整个圣经，并开始动员自己的教会去本城和海外得着那未得之民和未得之地。

索菲亚加入了丹妮拉的母会。这间教会的领袖是马特奥*牧师。虽然教会的使命宣言是"培养一代又一代的信徒，用耶稣基督福音的有力量的话语影响本城和世界"，马特奥牧师和该地区的其他牧师一样，并无二致——大多忙于本地事工，而且负担过重，根本没心思向国外差派宣教士。此外，当索菲亚和丹妮拉问马特奥牧师是否可以在他们的教会中组织一个宣教委员会，推进海外传教时，马特奥牧师拒绝了，只允许他们开个会，讨论宣教问题。这两位女士没有批评教会领袖，而是一边祷告，求神开启马特奥牧师的心，面向万国万民，一边继续支持他的异象和教会事工。

终于，丹妮拉和索菲亚邀请马特奥牧师和她们一起参加一个国际宣教大会，他接受了。她们帮他出路费，并祈求主打开他的眼睛，让他看到神对万国万民的心意。神终于回应了她们的祷告。在大会上,主对全世界数十亿未得之民的怜悯感动了马特奥牧师的心。从那时起,马特奥牧师就执行使徒行传1:8节包括当地、本国和海外的宣教策略,带领他的教会。

牧师是通往教会的门户

索菲亚的故事并不罕见。如果连牧师都没有"使万民作门徒"的大使命异象,那么他的教会也不会有。在我们与许多国家的合作方磋商时,就有信徒找到我们,表示他们想离开自己的教会,因为他们的牧师不支持他们在国际宣教中服事的愿望和呼召。牧师和教会领袖的主要关注点往往是群羊数量的增长,甚至可能是他们在社区的影响力,而不是扩张神的国度。索菲亚和丹妮拉相信,主会借着自己的话语和圣灵的工作来改变他们的牧师和教会。他们热切地为马特奥牧师祷告,并继续在当地教会的事工中使用她们的恩赐,直到这位牧师准备好带领他的教会完全进入宣教事工。

但这并不适合所有人。神把群羊的健康和成长托付给了牧者。彼得在他的书信中劝告教会领袖"务要牧养在你们中间神的群羊,按着神旨意照管他们。不是出于勉强,乃是出于甘心;不是因为贪财,乃是出于乐意;也不是辖制所托付你们的,乃是做群羊的榜样"(彼前5:2-3)。教导正确的教义,使会众走向灵性成熟,责任巨大。所有的牧师都真诚地希望遵行神的旨意,带领他们的子民得着基督的形象,成为照亮他们社区的光。

另外,像亚历山德罗牧师和马特奥牧师一样的牧师都很忙,而且担着重担。无论是在美国还是在世界各地,许多教会只由一位牧师带领,他是教会的唯一工作人员。这些牧师又往往只是代职服事的。会众期望他们每周的证道要有趣,能打动人心。他们探访病人和鳏寡孤独的人。他们主持葬礼与家属同哀哭,也主持婚礼与亲人同欢乐。他们帮助解决婚姻纠纷,为有矛盾的父母和少年提供咨询。即使是最好、最虔诚的牧师也承担重大责任,需要得到会众的支持和鼓励。而且在任何事情上,他们都要作众人的榜样。于一人而言,这就是重担。

不情愿参与宣教的原因

诸多烦心事使牧师们很难接受大使命的异象,那么,谈及差派本教会信徒作国际传教士,他们的主要顾虑又是什么?我们在磋商会上问及牧师、宣教士和教会信徒这个问题时,他们的回答大致相同。以下是我们听到的为什么牧师们不差派跨文化宣教士的十大原因:

- 如果我差派宣教士,我将失去我最好的信徒。
- 如果我差派宣教士,就会费钱,而教会的奉献只能勉强支持我(牧师)和教会的事工。
- 我想得着我们当地社区的人,让更多人进入我们的教会。
- 我必须保护自己的领袖地位。我不能让别人主宰自己教会的发展方向。
- 我不知道如何培训跨文化宣教士,因为我的教会是单一文化。
- 我是这里唯一的牧师,我没有时间和精力去启动国际事工。
- 我的人甚至没有参与当地的事工。
- 本地其他牧师也没有做国际宣教。
- 如果我差派宣教士,而他们又做不好怎么办?
- 我不信任宣教士差派机构。

教会信徒如何帮助牧师解决这些问题?如果牧师没有国际事工的计划,那么蒙神呼召去万国宣教的信徒是否要离开自己的教会?索菲亚在去南亚之前,如何能够更好地支持自己的牧师,帮助得到去万国万民宣教的异象,如此一来,她在南亚的事工便能够成为其母会事工的延伸?教会信徒如何才能更好地支持和鼓励牧师?

圣经里的宣教依据

将教会发展成为宣教型教会,最有效的方法是牧师传讲圣经,传递教会的异象,了解并传扬神对万族的心意。神将其救赎计划和自己的性情借着圣经启示给我们。神对万族的心意是主线,贯穿新旧约圣经。创世记3:15节首次预示了神对万族的救赎计划。那是在亚当夏娃堕落之后,神诅咒撒但化身的蛇,并告诉它:"我又要叫你和女人彼此为仇;你的后裔和女人的后裔也彼此为仇。女人的后裔要伤你的头,你要伤他的脚跟。"神从一开始就计划通过夏娃的后裔把人从撒但的恶谋中解救出来。

接下来，在创世记12:1-3节中，我们清楚地看到神呼召亚伯兰，他的计划是使万族都归向他。耶和华对亚伯兰说：
"你要离开
本地、
本族、
父家，
往我所要指示你的地去。
我必叫你成为大国。
我必赐福给你，
叫你的名为大，
你也要叫别人得福。
为你祝福的，我必赐福与他；
那咒诅你的，我必咒诅他。
地上的万族都要因你得福。"

在创世纪第22章神要试验亚伯拉罕的时候，我们再次看到神对亚伯兰（现已改称亚伯拉罕）同样的应许。在第18节中，神说："地上万国都必因你的后裔得福，因为你听从了我的话。"

诗篇中到处都是宣告，宣扬神对万民的心意。诗篇96:1-3节宣称：

"你们要向耶和华唱新歌，
全地都要向耶和华歌唱。
要向耶和华歌唱，称颂他的名，
天地传扬他的救恩。
在列邦中述说他的荣耀，
在万民中述说他的奇事。"

先知们也受感向万国说话，告诉他们准备迎接神的救恩。例如，以赛亚书49:5-6节说：

"耶和华从我出胎，造就我作他的仆人，
要使雅各归向他，

使以色列到他那里聚集
（原来耶和华看我为尊贵，
我的神也成为我的力量）。
现在他说："你作我的仆人，
使雅各众支派复兴，
使以色列中得保全的归回尚为小事；
我还要使你作外邦人的光，
叫你施行我的救恩，直到地极。"

当然，在新约中，教会直接从我们的主耶稣基督那里得到了大使命的命令。四本福音书和使徒行传都记录了耶稣大使命的命令，命令其跟从者靠着圣灵的能力使万民作门徒。（见太28:18-20，可16:14-16，路24:46-49，约20:21-23；徒1:8）。

在使徒行传第二章中，我们看到这一应许得到了成就，圣灵降临在"从天下各国来"的犹太人身上，他们用自己的语言听到了神的壮举。在使徒行传第八章中，信徒受到逼迫，被迫分散，福音因而被传到撒玛利亚。腓利在那里与埃塞俄比亚太监分享福音，后者成为第一个受洗的外邦人。

在使徒行传第十章中，神用异象向彼得表明："……神是不偏待人。原来各国中，那敬畏主、行义的人都为主所悦纳。神借着耶稣基督（他是万有的主）传和平的福音，将这道赐给以色列人"（徒10:34-36）。

然后，在使徒行传13:1-3，我们看到安提阿的教会，那是一个多民族混合的教会，大家一起敬拜。圣灵指示教会将扫罗和巴拿巴分开，打发他们出去作宣教士。

故事就这样一直持续，直到"这天国的福音要传遍天下，对万民作见证，然后末期才来到"（太24:14）。因此，作为信徒，我们有来自圣经的命令，不仅要使万民作门徒，而且要让门徒带出门徒来。正如保罗指示提摩太："你在许多见证人面前听见我所教训的，也要交托那忠心能教导别人的人"（提后2:2）。

这里并不是要对圣经里说的宣教依据作详尽的查考。有许多已经写好的书和文章，可以帮助你跟进神从创世纪到启示录的宣教计划。重点是，圣经揭示，神在创造世界之前就有计划，就是要开辟一条道路，将有罪的人类带入与他（圣洁的神）的关系当中。他不单是为自己拯救以色列民族，而且是为每一个信他的人，包括外邦人，开辟一条获得永生的道路（约3:16）。

神启示给约翰关于天堂样式的异象，见启示录7:9节。其中包括来自各国的人："此后，我观看，见有许多的人，是从各国、各族、各民、各方来的，站在宝座和羔羊面前，身穿白衣，手拿棕树枝"。因此，我们知道，教会和每个信徒都必须参与到使万民作门徒的工作中来。

牧师有责任向会众讲授圣经。如果他传讲整个圣经故事，他的每次讲道、每次查经、每次教会活动就都能显明神的宣教计划。当牧师忠实地将神的全部话语教训给会众，传递神对万国心意的异象，那么信徒们就会被动员起来参与事奉和宣教，他的教会也会成长。神将会提供资源来完成他的旨意。

在以弗所书4:11-13节，保罗向以弗所教会解释了这个原则："他所赐的有使徒，有先知，有传福音的，有牧师和教师。为要成为圣徒，各司其职，建立基督的身体，直等到我们众人在真道上同归于一，认识神的儿子，得以长大成人，满有基督长成的身量。"他装备圣徒使用自己的属灵恩赐在教会事奉，这时，神会兴起要走出去的宣教士，他也会兴起领袖，取代他们在当地教会的位置。他同样会装备教会，使其能够差派他所呼召的人。当牧师带领教会完全接受大使命时，教会也会被动员起来，与牧师一起在当地社区开展事工。大使命的事工就这样先从当地社区开始，然后向外扩展。这样，牧师就不再自己承担全部的事工重担，教会里每个信徒都能与牧师一起去完成大使命。如果不依靠神的供应和他的信实，我们就不能追求神的使命。

牧师会不会因为宣教和其他事工而失去一些最积极、最忠实的门徒？当然会。这就是提摩太后书2:1-3的目标所在。参与神的宣教使命是有代价的，我们要做出牺牲。只是，在出于顺服大使命而做出这些牺牲时，神必将为他国度的缘故而赐福我们，并倍增我们的人数。

顺服的结果

马特奥牧师与索非亚和丹妮拉参加国际宣教会议后，回到教会，神改变了他的心。他希望他的整个教会都能起来，向世上未得之民宣扬福音，从他所在的社区开始，直到地极。

现在，马特奥牧师说："如果教会的牧师被动员起来向各国传福音，他就会动员整个教会一起做。"根据使徒行传1:8节的宣教策略，他有不同的团队，按计划在当地、大区和全球宣教。教会的信徒像索非亚一样，也致力于动员他们城市的其他牧师和教会，一起努力将福音传给各国。这种对大使命的关注实际上给他的教会带来了增长，会众现正向各国派遣宣教士，在经济上全力支持他们，并用祷告托起。马特奥牧师也动员他所在教派的其他牧师一起工作，差派和支持更多的宣教士。

向前迈进

一旦牧师有这样的心，不仅要发展教会，而且要把福音传给各国，他就可以动员整个教会拥有同样的心。他可以用简单的方式向整个教会解释如何参与到神的宣教使命中。从本质上讲，他是在帮助自己的教会拥护神对各国的心意。

如同我们所带领的《持续宣教的八大阶段》的磋商会议，处于类似情形的牧师和教会都能制定行动方案，向前推动他们的宣教异象。下一步，我们将探讨牧师如何动员整个教会，使信徒们从最年轻到最年长的都能参与到教会事工中，从而接受他们在大使命中的角色，同时使当地教会增长，神的国度扩张。

第二阶段
教会动员

  正如我们在第一阶段中所指出的,当地教会的牧师是动员其教会开展事工的关键。每位牧师都希望神赐最好的福给他的教会,并希望看到他的会众无论从属灵深度、对社区的服事,还是人数等方面,都日渐长进。但是,牧师如何将神对万民的心意这样的异象传递给整个教会,以便每个信徒都能得到装备,并利用自己的属灵恩赐来服事教会和社区呢?

  下面是一个实例,讲述一间美国教会的牧师和长老是如何装备和动员所有从最年轻到最年老的信徒参与事工的。

恩典社区浸信会教会："老少齐动员"

恩典社区浸信会教会位于弗吉尼亚州的里士满，大约有一百五十个家庭一起聚会。在其三十六年的建堂历史中，该教会通过多种合作机构向各国差派了几十名长期宣教士。信徒不单单把宣教当成工作，而是他们信仰的目的。教会设有当地宣教团队和国际宣教团队，他们全年都在积极策划各项事工和活动，将大使命放在一切工作的首位。

每年圣诞节期间，牧师和长老都会挑战每个信徒，让他们参与到宣教的各项事工中。每个家庭或个人每年都要为宣教活动捐款，除此以外，在下一年要委身下列活动中：

1. 为世界各地未得之民的得救祷告；并为恩典社区教会派出的不论是在国内还是在海外服侍的每一位宣教士祷告；还要为自己的邻舍祷告。最后，教会挑战信徒求问主，他们自己要如何参与到教会的宣教活动中。
2. 为教会的所有宣教活动慷慨无私地解囊相助。
3. 无论是在当地的危机怀孕中心服侍，去另外一个州做短期工人，或是利用夏天时间陪伴恩典社区教会的海外宣教士们一起工作，请选择一项。

牧师们挑战教会里从老到少的每一位信徒。甚至教导上幼儿园的孩子祷告，号召他们奉献自己的零花钱，并服事自己的朋友、家人和邻居。会众中最年长的信徒是一位叫凯蒂夫人的女性。由于年事已高，凯蒂夫人不能出国，但她被称为教会中最厉害的祷告勇士，她每周五早上6点在她家主持祷告会。她每周习惯在当地餐馆吃几次早餐，这样她可以认识新朋友，与他们分享福音，并为他们祷告。

因此，在恩典社区浸信会教会，口号是"老少齐动员"，每个人都必须参与宣教——全年坚持祷告、奉献并走出去。这是整个教会有效动员起来开展宣教活动的例子。所有信徒都可以参与差派他人，而神会呼召少数人成为"去"的宣教士。那些通过祷告和奉献来支持宣教的是"差派者"，教会中连老带少的这些人都算，恩典社区教会便是实例。宣教教育在教会培训上不能当做凑数的内容；它应该是核心内容，因为将福音传给万民是教会的责任。

第二阶段－教会动员

装备教会

　　牧师的关键责任是装备会众，以便所有信徒能够使用自己的属灵恩赐，在当地社区和国外服事教会和失丧的灵魂。保罗告诉以弗所教会"他所赐的有使徒，有先知，有传福音的，有牧师和教师。为要成全圣徒，各司其职，建立基督的身体"（弗4:11-12）。然而，当牧师传递宣教的异象时，会众通常会提出很多问题，并非每位牧师都能自如地回答这些问题。例如，有信徒可能问牧师："我们当地就有这么多失丧的人，我们怎么还把资源转到其他禾场呢？在这一点上，牧师在回答前需要准备好圣经根据，并帮助信徒理解教会在大使命中应该发挥的作用。

　　我们设计了《八大阶段》的磋商材料，装备牧师，使他们能够用神的话回答这些问题。对于在当地教会中普及宣教异象，打造坚实的理论基础至关重要。路加福音6:46-49强调了将房子建立在稳固根基上的重要性。当洪水来临时，建在岩石上的房子会站稳。没有坚实根基的房子会被洪水冲垮。这段经文挑战信徒遵守圣经的命令，成为行动者。当我们以这种方式回应时，我们的房子就能立得住。因此，建立在神话语上的宣教异象必将经得起时间的考验，并为第五阶段"跨文化宣教计划"的实施提供坚实的基础，使之具有一致性和可持续性。

　　牧师在教会内传递宣教异象时，应该解决六个相关问题。牧师可以选用系列的讲道、写文章或建立研经小组，用以回答我们所说的关于当地教会参与宣教的"六个重要问题"。这些问题是：

1. 什么叫宣教？
2. 我们为什么要宣教？
3. 什么时候宣教？
4. 到哪儿宣教？
5. 谁去宣教？
6. 如何开始宣教？

什么叫宣教？ 从教会信徒那里听到关于"宣教"的定义五花八门，十分有趣。他们经常提到许多有价值的活动，其中"分享福音"是最常见的答案。实际上，宣教像一把巨伞，伞下是救灾、满足人类需要和发展、医疗、农业和教育等方面的各项事工。然而，所有这些不宣扬福音的活动并不能体现出圣经中的宣教概念。在定义宣教时，我们还必须考虑到持续不断的传福音事工与教会内门徒训练之间的区别，以及圣经中"使万民作我的门徒"的命令，即给教会的大使命。马太福音24:14节指出，在主再来之前，必须向万民传讲福音。我们判断不出主选择何时再来，但我们应该认识到，圣经给教会的命令是将福音传到地极，传给所有需要听的人。宣教是包含这一切的概念。宣教的核心是福音，以及与万民分享这一福音。

宣教还与神的应许结合在一起，例如他应许永远与我们同在（太28章）。它最终以启示录7:9节的异象达到高潮，该异象表明宣教将获得成功，因为主应许各国、各族、各民和各方来的都有代表在天上敬拜主。

我们为什么要宣教？ 对于某些信徒来说，这一点尤其重要。他们经常会问：我们家门口、镇里、城里或所在地区就有很多失丧的人，为什么还要去管什么万国万民呢？

答案同样还是来自圣经。世人已经失丧，面临审判（来9:27）。然而，神爱世人，派耶稣来拯救人们（约3:16-17）；除耶稣以外，没有救赎（徒4:12，约14:6）。使徒行传1:8节传递出越过当地教会直到地极的异象，但也没有忘记犹太全地和撒玛利亚。这段经文没有定义出完全接受宣教使命所需的时间表或教会成熟度，这个任务也不是线性的。罗马书10:13-15节指出，如果没有传道的或宣讲的，失丧的人怎么能听见呢？因此，教会必须有意寻求主的带领，向它们的耶路撒冷、犹太全地和撒玛利亚，直到地极，传福音（太28:16-20）。教会宣教包含全世界，而如何具体地接受这大使命，应该靠着祷告和教会的讨论。第五阶段的"跨文化宣教计划"为教会提供了一些很好的方法，可以从系统性计划开始。教会全体信徒一起祷告寻求主是关键的第一步。

什么时候宣教？ 回答这个问题存在一个平衡的问题，就是必须在准备的充分程度与时机之间取得平衡，同时对任务的紧迫性保持敏感。每天都有成千上万的人在不认识主的情况下死去。对于那些生前可能没有机会回应福音的人来说，时间至关重要。使徒行传第13章中，圣灵呼召保罗和巴拿巴，表明主会使用圣灵催促，向教会指明派出宣教士的正确时机。在约翰福音第4章中，当耶稣与井边的撒玛利亚妇人交流时，他挑战了自己的门徒。他不仅挑战了他们对妇女和撒玛利亚人的偏见，而且还表明田里的庄稼已经"可以收割了"（约4:35）。我们在路加福音19:10中认识到，耶稣来的全部目的是"寻找和拯救失丧的人"。因此，我们也应该是类似的任务。有了圣经的这一强调，即使在新教会建立的早期阶段，也应牢记大使命，教会应有意识地规划，寻求主的带领，确定其在主的使命，就是大使命中的作用。

到哪儿宣教？ 宣教的"哪儿"问题必须从"谁需要福音？"的角度来回答。我们不能只选择那些文化容易与我们融合、沟通理解比较容易的地方。必须有人愿意把福音带到对他们来说非常陌生的族群和地方，生活方式大相径庭的族群，甚至其文化的某些方面貌似令人反感的族群。因此，关于到哪儿宣教这个问题，可以先从评价我们自己对不同于己之人的看法开始。

美国教会的信徒往往是单一文化的。如果是这样，信徒便可能没有机会与不同种族、不同语言和不同国籍的人交往和认识。对教会和宣教志愿者来说，使徒行传第10章很有用，可以帮助他们学习如何评估自己是否对他人存在偏见。在使徒行传第10章中，主用异象和声音挑战彼得，让他思想自己对外邦人，特别是对罗马人，尤其是对占领国罗马军队的偏见。通过这个异象，神向彼得表明，犹太基督徒应该向彼得自认为不洁的外邦人分享福音。为了福音的缘故，他必须克服这种差异。结果，哥尼流和他的全家相信并接受了洗礼。因此，我们每个人都必须了解自己的偏见所在。不过，这只是帮助教会决定去哪里宣教的部分依据。

有时候我们必须考虑宣教机会。神是否通过教会内部的渠道或关系给了一个特定的事工机会，让人想到未得之民？有时候，教会附近可能有特设的难民社区，教会便可在当地以及他们的家乡宣教。有时，教会也会接受其信徒得到的具体呼召，与他们一起，向某个未得之民或未得之地传福音。在第五阶段中，我们将挑战教会先为万国祷告，并寻求主的带领，以确定教会应该参与宣教的地方，最终制定一个方案。

谁去宣教？ 问题不在于谁应该作福音的见证人，因为这个任务本来属于所有信徒，因为"他已将和好的职分赐给我们"（林后5:17-19）。更应该提的问题是：神在呼召谁跨越地理、文化、宗教和语言的障碍，把福音信息带到未得之民和未得之地去？圣经应该能传递这种异象。这可以通过讲道事工来实现，也可以通过门徒训练班和一对一的辅导、儿童学习以及跨文化宣教的各种机会来实现。圣灵可以利用个人得到的神话语的启示和禾场的亲身体验，呼召信徒们起来做宣教事工。教会是否具有实现这一目标的氛围很重要。第四阶段"栽培宣教人才"中介绍的研经内容，对宣教志愿者来说，过一遍这个过程很有帮助。宣教士蒙神呼召，并被教会分别出来，跨越不同的障碍，把福音传给未得之民和未得之地。所有信徒都被呼召起来作"见证人"，但只有部分人被呼召作宣教士。

如何开始宣教？ 当问到这个问题时，便可能是一个值得庆祝的时刻，因为其他问题已经得到了回答，而信徒们也处于想知道自己能做什么的阶段。整个"八大阶段"帮助回答这个问题：我们如何在未得之民和未得之地开展宣教事工？教会有自己的职责，每个人也有自己的职责。在社区中越多做祷告、研经、一起寻求主，教会在宣教异象方面就越统一。这并不意味着每个人都做同样的事情，而是指他们同心同德，为着腓立比书2:1-3节所描述的共同目标而团结在一起。信徒应该认识到，所有人都有大使命的呼召。有些人"差派"，有些人则是"去"。我们都可以立即参与到宣教士差派的事工中，在这个过程中，神会呼召一些人去探索自己作为宣教士的呼召，把福音带到未得之民和未得之地。

牧师在传递宣教异象上起关键作用，但是每个信徒都接受异象和自己承担的角色也很重要。恩典社区浸信会教会的"老少齐动员"方法是一个很好的模式。教会采纳异象越彻底，就会做越多的祷告、奉献，个人也越多地参与来成就这个异象。希伯来书11:6节指出："人非有信，就不能得神的喜悦"。在接受宣教异象方面也是如此。当我们祷告，并以行动跟随祷告时，主会肯定并引导我们的步伐，使我们完全接受他对教会的期望，特别是整个教会在大使命中的作用。

第三阶段

当地教会事工
建立健康的教会

有时,我们会错误地根据表面现象判断人是否健康。这种情况很容易发生,对我们熟悉的人也不例外。其实,我们看到的表面现象并不总能反映内里是否健康。让我们看看某位作者自述的经历:

> 我觉得自己的身体状况还不错。然而在一次年检中发现了异常。一位体检医生有不好的预感,于是建议我多做几次验血、核磁共振,最后还做了切片活检,证明得了我们都很害怕的病:癌症。我很震惊。因为我感觉良好,而且没有任何症状,我无法理解在我的身体里怎么会潜伏这么严重的疾病。但癌症的诊断是确定的,我需要具体的治疗方

案，否则疾病很可能会扩散到我身体的其他部位。医生们制定了一个广泛的治疗方案，我用了好几个月才完成。治疗采取侵入性方法，有时很痛。然而现在，医生说我好了，摆脱癌症了。如果不是因为当时的准确诊断，还有自己愿意接受治疗，癌细胞可能很容易扩散到我身体的其他部位，破坏我的免疫系统，导致病重或死亡。有人可能会问，这与当地教会事工和健康的教会有什么关系？如同我们的个人健康情况，除非做仔细的检查，否则人们可能永远无法诊断出教会的实际健康状况。当涉及到差派宣教士时，灵性健康的教会才更有可能差派灵性健康的宣教士。同样地，灵性不健康的教会更有可能差派灵性不健康的宣教士。灵性不健康的宣教士没有按跨文化宣教的严格要求做好准备，可能就难以适应挑战，而且很少能长期留在禾场。

亚洲的灯塔教会*自1990年代中期成立以来，稳步成长。该教会有许多有音乐天赋的青壮年，他们使敬拜变得专业、快乐和振奋。参加聚会的群体说各种语言，所以教会在讲道环节提供了翻译。由于认识到需要更深入的个人门徒训练，教会还在这个拥有约100万人口的城市中建立了门徒训练小组。参加小组的人数都很多，他们在家里、餐馆和咖啡馆聚会。每月一次的周日下午，主任牧师对小组长进行培训，给他们提供为期四周的研经材料。这些小组积极开展祷告事工，他们将小组学习的大部分时间用于祷告和满足组员的需要。

当我们受邀作为咨询团队向这些小组长讲授仆人式领导、动态小组和变革性门徒训练的原则时，大约有50人聚集在一起，是全城所有小组的代表。我们使用根据《神国增长的四田地》[5]改编的内圈为教会的过程图（CHURCH CIRCLE MAPPING）作为分析工具，从这些组长那里收集信息，评估教会的健康状况。其结果令人震惊。

评估活动要求参与者回顾使徒行传第二章和其他描述早期教会的经文，找出教会初建时的特点。然后要求参与者在自己的教会中寻找，是否存在这些特点。此外，该小组还研究了《健康教会的十二个特征》[6]，小组长完成了个人评估。对这五十位小组长的调查显示，他们的教会中有

---

5 内森·尚可（Nathan Shank）和卡丽·尚可（Kari Shank），《神国增长的四田地：建立和放手健康教会（Four Fields of Kingdom Growth: Starting and Releasing Healthy Churches）》（2007年，2014年修订）https://static1.squarespace.com/static/588ada483a0411af1ab3e7ca/t/58a40ef11b631bcbd49c-88c0/1487146760589/4-Fields-Nathan-Shank-2014.pdf.

6 2018年第七期《根基》杂志"健康教会的十二个特征（Twelve Characteristics of a Healthy Church）"一文（弗吉尼亚州里士满：IMB，2018），第61-64页。

几个他们认为很强的特点，如敬拜、祷告、奉献和团契。然而，经文讲道和门徒训练得到的分数较低，也是他们认为最需要改进的地方。这些结果让牧师和我们这个咨询团队大吃一惊。我们还以为门徒训练和讲道是该教会很强的方面。

虽然评估发现了问题，但并没有澄清问题的原因。牧师投入大量时间准备讲章、查考解经书、祷告讲正确的对教会有帮助的主题。他还花大量的时间为小组长准备课程，为他们得心应手地领导各自小组提供所需的内容。我们与小组长们进行了后续讨论，问他们为什么说这两方面是问题。他们承认，牧师准备的经文讲道，他们对内容并不担心。但我们的讨论显示，对于教会信徒，尤其是那些新信徒来说，讲道往往过于学术化。

信徒很难理解各种概念，无法将其与日常生活联系起来。许多人是第一代信徒，仍然带着他们信主之前生命里的包袱。他们许多人从生下来就十分熟悉亚洲的传统宗教，因为信主可能在自己家里受到逼迫。这些信徒对如何处理这些家庭问题没有什么把握。小组长们表示，他们真诚地需要牧师的讲章能够教导他们如何处理相互冲突的世界观：基督教世界观与亚洲形形色色的世界观。例如，一位组长提到，当地社会中弥漫的荣誉与羞耻文化观，能否告诉他圣经是如何处理的。另一个问题是他们如何能够更好地理解耶稣在十字架上的牺牲，并将他的牺牲与当地信仰的寺庙祭祀体系进行对比。他们需要将圣经教训直接应用到日常生活，这样他们才能得出这些令人不安的问题的深刻答案。

结果，这位牧师改变了他的讲道方法。他写了系列讲章，专门讲解这些文化难题，并借机教导与当今错误教训形成对比的圣经文化。然后，在各小组，人们可以就讲道内容自由发问，并请组长解答。六个月后，后续评估的结果大为不同。最初被认为是教会的弱项，现在已经变为优势。牧师调整了他的讲道内容，直接联系信徒的生活和生命，而不是像过去那样发布学术性的神学论述。

健康教会的十二个特征

我们得到提醒，表面现象并不总能反映现实；或者就当地教会而言，表面现象并不一定反映出教会是否以圣经标准为基础。我们常常把大型教会或那些有创新敬拜仪式的教会作为教会健康的典范，供其他人复制。当我们审视圣经中的教会模式时，我们认识到规模和敬拜方式并不是评估的标准。

在IMB的宣教活动中，"浸信会信仰真义"中对教会的定义是我们的标准：

> 新约模式的耶稣基督的教会是一群受浸了的信徒的集合。这一集合是自主的、地方性的，是在福音带来的基督教信仰和团契上通过约联接起来。教会遵行基督设立的两个礼仪，依照基督的律治理会众。信徒行使借着神话语领受到的恩赐、权利和特权，力图传扬福音，直至地极。每个教会在基督的权柄下依照民主程序运作。在这样的会众中，每个成员都有责任以基督为主。圣经提到教会里的职分有牧师和执事。
>
> 尽管弟兄和姐妹都领受了恩赐，用于教会里的事奉；但是，牧师这一职分只限于符合圣经规定资格的弟兄担当。新约也谈到教会是基督的身体，其成员包括历代被赎之民，包括各国、各族、各民、各方的人[7]。

衡量教会是否健康，更多的是对《根基》[8]中概述的十二个特征进行定性的衡量。十二个特征分别是：

1. 传福音——徒2:38
2. 门徒训练——徒2:42；太28:19-20
3. 讲道与教导——徒2:42
4. 领导力——徒2:42；提前3:1-7；多1:5-9
5. 教会信徒——徒2:46；林前12章
6. 敬拜——徒2:47
7. 交通——徒2:46
8. 祷告——《使徒行传》2:42
9. 责任和治理——徒2:40；太18:15-17
10. 奉献——徒2:45
11. 洗礼和圣餐——徒2:38, 41；太26:26-29
12. 宣教——太28:16-20；太24:14

---

[7] 美南浸信会(Southern Baptist Convention) "浸信会信仰真义，2000版" 之 "信仰声明"。https://bfm.sbc.net/wp-content/uploads/2022/03/BFM2K-Chinese-simplified.pdf (2023年1月21日访问)。

[8] 《根基》杂志 "健康教会的十二个特征"，第61-64页。

第三阶段－当地教会事工：建立健康的教会

在我们的磋商会议上，我们经常把这一阶段称为"当地教会事工"或者"建立健康教会"。其目的是我们要将精力放在当地教会上。神的国度在地上的基础就是他的教会。圣经告诉我们："……阴间的权柄不能胜过他"（太16:18）。如果要完全接受大使命的挑战，使万民作门徒，神的教会必须尽可能地保持健康，好随时承担这样一项艰巨的任务。

当我们研究当地教会事工的概念时，我们认识到它包含了当地教会工作的所有方面，十二个特征基本上都涉及到了。以圣经为原则带领教会的领袖是必要的，并"为要成为圣徒，各司其职，建立基督的身体"，这是以弗所书4:11-12节的命令。讲道和门徒训练是必要的，可以帮助信徒成熟，引导他们了解自己的属灵恩赐，以及如何使用这些恩赐服事当地的教会。责任与信徒资格和治理相配合，有助于保持教会的纯洁性，确保错误的教导和罪恶的行为不至于侵入教会，削弱教会的力量。洗礼和圣餐两个圣礼为我们的内在变化提供了外在的见证，这内在变化是由救恩和圣灵在我们生命中所作的工带来的。敬拜、祷告和团契强化了基督的身体，使我们准备好面对这个迷失的世界，并在我们人生的过程中彼此扶持。奉献是将主赐给我们每个人的拿出一部分回报给他。传福音是教会的核心功能，教会信徒参与"劝人与他和好的职分"（林后5:17-19）。最后，圣经给出的使命是接受大使命。很多经文都对大使命有定义和说明，但都明确指出，教会既有责任在当地传福音，也有责任尽把力把福音传到地极，传给那些从未听过福音的人。

从我们身边的耶路撒冷启程

从当地教会的事工情况便可看出其健康状态和宣教工作是否准备就绪。教会信徒应该是用自己的属灵恩赐服事教会。如果牧师是唯一的事奉者，那么会众就没有机会互相服事，也没有机会服事周围社区。这项任务的核心是所有年龄段的信徒都要得到基本的门徒训练，包括研经和应用。牧师应该了解健康教会的特征，然后尽量使自己的教会变得更健康。评价教会的优势和劣势是帮助教会接受神对万民宣教使命的早期重要步骤。

在亚洲一座首都城市举办的《八大阶段》磋商会议上，我们听说有个教会希望到该国的偏远地区向未得之民分享福音。出行调查证实，该地区多数居民是穆斯林。但是，虽然外表看起来是伊斯兰，他们的日常行为则表现出受泛灵论影响的各种信仰。教会已经开始为这个族群祷告，并在研究如何与其他人合作，差派工人到那里分享福音。他们认识到，那里的语言和文化与他们自己的大为不同。对于教会和被选中的宣教士来说，实施这项事工需要付出巨大努力。

当我们与教会领袖们逐项完成《八大阶段》的培训时，关于什么才是构成健康教会的讨论触动了小组中几个人的神经，以致他们以非常不同的方式看待自己教会的事工。他们一致认为，神放在他们心中的远方的穆斯林民族需要一位宣教士，而且需要宣教士进入他们的世界，学习语言和文化，以便能够分享福音信息。

但是，当他们研究事工和跨入该文化将面临的挑战时，他们也认识到自己在了解如何进行穆斯林事工方面的不足之处。他们觉得，有必要让自己教会里面有潜在能力的宣教士，先在当地与穆斯林一起作工，获得一些一手经验，然后再派往该国的偏远地区。此外，他们意识到，在自己社区开展宣教活动也能在信徒中树立宣教意识，鼓励全会众参与到这项事工中。

当我们的讨论进入第六阶段"选择和栽培跨文化宣教士"时，该小组的牧师突然站起来说，他现在明白主一直对他说的到底是什么。他最近在他们的社区发现一个穆斯林阅览室，离他教会聚会的建筑不远。当他问有多少人知道这个阅览室时，得到的回答是没有人知道它的存在。他接着问，小组里有多少人有穆斯林朋友或熟人。回答是一致的——没有一个人有穆斯林朋友。牧师意识到在自己的社区有许多穆斯林后，他建议教会应该对如何得着他们的方式做出评估。

这样的努力并没有削弱他们向该国更偏僻地区派遣宣教士的感召力，只是表明就在他们的"自家后院"，就是未来宣教士的训练场；在信徒向这些邻居传福音时，教会也就学会如何开展穆斯林事工了。向社区中的失丧者传教，并以具体有形的方式展示神的爱，这样的努力增强了当地教会的实力。它同样还为那些感到被呼召要去偏远地区服事穆斯林的人提供了实习机会，可以通过向住在隔壁的穆斯林传福音来实践和检验呼召的真实性。

有些时候，参与大使命的最佳策略是强化当地教会的实力。这并非易事。教会领袖和信徒必须愿意保持透明，仔细研究圣经中关于教会模式的说法，并以祷告的方式思考主希望他们的教会生活在那些方面得到强化。也有一些时候，教会健康状况不佳的迹象并不明显。然而，一旦教会领袖发现哪些不足之处，他们就可以与信徒一起制定行动方案，做出必要的整改。最终，健康的教会更有可能装备和差派健康能战斗的宣教士，而不健康的教会则更有可能差派难以适应禾场挑战的宣教士，因此提高了差派教会和机构的宣教士流失率。

　　如果要使"八大阶段"中的任何一个阶段产生重大影响，就要对第三阶段"当地教会事工"给予高度关注。教会健康方面的不足之处会严重阻碍教会在其他宣教阶段的成长。然而，对当地教会事工和教会健康的持久努力，可以使会众进入一个从教会到禾场的桥梁建设过程，并帮助教会完全接受其在大使命中的角色。

持续宣教的八大阶段

第四阶段
栽培宣教人才

  第一次宣教大会在东南亚举办，大约有40个不同种族的参会者，都是来自当地农村的一片小教会。他们都以在该地区崎岖的山坡上耕种为生。早在十多年前福音就传到了这个地区，信徒的人数也在不断增长。来传福音的宣教士专注于门徒训练和领袖栽培，这些努力取得了非凡的效果。尽管早年间因遭受逼迫日子过得艰难，但是随着当局逐渐认识到基督徒为该地区带来的经济效益和社会福祉，逼迫已经减弱了。虽然这些社区只能获得有限的政府资源，但在此之前的上一代人，政府已经把教育普及到了四年级水平。许多信徒不仅能说乡下方言，现在也能用所受教育学习的街市语言读翻译过来的圣经。

我们聚集在一座改建的农舍里,这个环境一点也不适于举办宣教大会。尽管如此,参会者还是很兴奋。我们可以感觉到,大使命被赋予给了神的所有子民,甚至卑微的农民。当他们聆听宣教的异象时,参会者开始辨别正与他们同住一个社区的许多不同的族群。大多数人承认他们会尽量避免认识这些人,因为他们说的语言不同,穿的衣服不同,甚至吃的食物也不同。一旦参会者意识到马太福音第28章中大使命的命令,并受到委身其中的挑战,他们就恳切地祷告,祈求神告诉他们如何参与其中。

这个国家很少有年轻人坚持务农,因为大多数人迁到城市,进工厂上班或寻求更好的受教育机会。然而,参加宣教大会的一些年轻人是留乡务农的,因为家人年老体衰,难以操持家务,需要帮助。当参会者理解了圣经所说的关于大使命的命令时,一位称李弟兄*的年轻人分享说,他感觉到个人呼召要参与其中。当他得知,在该国东南部山区与自己所在社区相似的农村,生活着若干未听到福音和未参与福音事工的族群时,他深有感动。要让这些农业社区参与进来,就需要一个了解其生活方式并且可以生活在那种农村环境中、愿意在农场工作以谋生的人。这样的说明打动了李弟兄的心。他觉得会议上分享的宣教士工作简介就是针对他生命的个人描述,他将之解释为神要呼召他成为宣教士。

大会组织者与李弟兄单独祷告,祈求天父的旨意在未来的日子里得到证实和澄清。

第二天早上,所有与会者都在期待大会的最后一场会议。早餐时,大会领袖寻找李弟兄,希望他能向与会人员分享自己的见证,就是关于未听见福音的族群主是如何对他说的,还有他的呼召可能意味着什么。但四处不见李弟兄踪影。大会组织者问一位朋友是否见过李弟兄,这位朋友告诉他们,李弟兄那天早上就已经离开了。他已经前往山区,要去向主前一天放在他心上的未听见福音的族群分享福音。所有人都被这样的进展惊呆了。李弟兄对于自认为神带领的热情大大超出了他对实现这一呼召所需预备的理解。可悲的是,李弟兄在宣教场上没有坚持多久,不到一个月就打道回府了。

重中之重

对圣经的深入研究往往会激发人们对失丧者的热心,受到激励,主动离开他们熟悉的生活,去接触与那些居在遥远土地上、截然不同的人。然而,光靠热心是不够的。必须通过一个过程让激情缓解下来,以澄清一个人生命中的呼召,并确保宣教事工的所有要素都已具备,可以开展有效、持续的宣教服务。此外，某人仅有对失丧者的热心，并不能意味着成为跨文化宣教士的呼召，或将家人搬到远方的呼召。对失丧者的热心可以通过其他方式来实现，例如在经济上支持宣教、为宣教士祈祷以及在自己的社区中为宣教事业服务。对于教会来说，靠近帮助那些意识到呼召作跨文化宣教士的信徒，指导他们前进的每一步，并帮助他们确定呼召的细节以及如何最好地实现呼召，这一点很重要。

谁也没想到，李弟兄在刚感觉到呼召的第二天就出发去宣教了。我们作为大会领袖，可能算是做得很好，把向失丧的人，尤其是那些从未听过福音的人传福音的紧迫性传达了出来。但我们并没有说明，按程序澄清这个呼召还需要做些什么，确定预备工作还需要做些什么，然后在开始跨文化宣教之旅之前完成所有准备。虽然宣教任务很紧迫，但这并不能妨碍花费必要的准备时间。

许多教会表示，他们没有能力培训具有潜在能力的宣教士。对于那些很少或没有跨文化经验的教会来说，这尤其是一个挑战。然而，教会可以用一些工具来支持和鼓励那些被呼召的人，同他们一起走过从了解神的呼召到确定顺服呼召的最佳方式这个过程。任何个人或夫妻都不应该是独自经过这种历程。当他们寻求帮助以确认和指导自己得到的呼召时，这件事应该在群体中进行，让教会的力量为这些成员服务。

从他们中间来

教会可以有意识地栽培宣教士起来服事。当牧师向教会传递大使命的异象，并提供服事和事工的机会时，主会呼召一些信徒离开家，去接触其他地方的失丧者。各教会应该鼓励那些有兴趣发现自己恩赐和使命呼召的人，最好通过人际关系培训和圣经查考来理解宣教呼召。还必须了解什么是第八步的"宣教事工"、对宣教士的职责要求，以及信徒的预备和恩赐最适合什么职责。

重要的是要记住，神的话语为宣教奠定了基础；会众一起学习，会更好地理解自己所得到的呼召，能够计算代价并为未来做好准备。《八大阶段》里列出了五课促进这一过程的圣经查考内容。等到确定参加事工的志愿者人选的时候，教会领袖因为参与了整个辅导过程，就可以提出有理有据的建议。

这五课圣经查考（见附录）为宣教志愿者提供了一个平台，让他们思考在社区开展宣教事工的重点方向。写下这些查考内容时，虽然不一定只考虑到宣教士，这些主题还是能使人虔诚思考宣教的含义，以及宣教事工对个人生活的舒适性、家人和其他方面的影响。查考的主题包括：

- 传福音的呼召
- 跨文化宣教的命令
- 宣教士的品德
- 宣教士的生活
- 宣教士的事工

传福音的呼召。 正如安德烈·塔特尔在《神对事工的呼召》[9]中所解释的那样，跨文化宣教的呼召不是单一事件，而是系列呼召。很多时候，当个人经历属灵高涨时，就像李弟兄真的收拾行囊前往山上时那样，人们觉得最终的呼召便是传福音的呼召。在圣经查考的第一课里，我们强调最终的呼召是主对个人生命旨意的成就。如果这个旨意引导我们去海外服事，那么我们就要肯定和欢迎这样的引导。另一方面，如果呼召我们从事世俗工作并在当地教会服事，在社区失丧的人中间做光做盐，我们应该同样庆祝。

因此，圣经查考的第一课便探讨了人生命中的七个呼召，从最初的呼召，也就是"得救的呼召"开始。通过回顾罗马书3:23节、6:23节，约翰福音3:16-17节、1:12节等重要经文，让信徒有机会确认他们已经来到主面前的地位，确认他们凭着悔改和相信来到主面前，正如使徒保罗在罗马书10:9-10中所反映的那样。有时人们从未真正审视过自己得到的救恩，在探索跨文化服事的呼召之前，他们必须确认这一点。这一点很重要，一定要包括进去，不管信徒最终是否成为海外宣教士去服事。

第二个呼召一定与了解基督徒在神的"使人与他和好"的计划中所扮演的角色有关（林后5:17-19）。我们有责任将人带到基督面前，使他们也能与主和好。虽是他亲自作工，但他却交给自己子民（就是他的教会）使人和好的事工，因为我们同这个失丧的世界密切相联。信徒在考虑搬到外地去服事另一文化的人之前，他们必须认识到自己在周围族群中间做光做盐的机会和责任（太5:13-14），接受前面哥林多后书提到的"使人与他和好"的事工。参与这个事工可能是个考验；这也可能证明个人需要培训和装备，才能向主带到面前的人分享基督。当信徒一起查考圣经时，教会应该准备好介入并提供培训和指导，以帮助信徒作有影响的见证人。

---

9 安德烈·塔特尔，《神对宣教事工的呼召（God's Call to Ministry）》（加州神学研究生院教牧学博士论文，1987年）。

第三个呼召是在当地教会服事。圣经告诉我们，主用属灵恩赐装备每个信徒。教会领袖有责任帮助信徒发现他们自己的属灵恩赐，并确定如何使用这些恩赐服事当地教会（罗12:1-8，林前12:1-31）。本课将挑战教会领袖履行他们装备圣徒的责任（弗4:11-13）。这可能需要时间，因为信徒要在不同的事工中测试自己的恩赐所在；但是，他们应该清楚地了解天父是如何塑造他们去做服事的。通过回顾圣经中提到的属灵恩赐，可以让我们找出建设性的方法来确认属灵恩赐，并在服事当地教会中加以实践。

　　头三个呼召对每个信徒都很重要。对任何新信徒，对希望更多了解如何凭顺服和信心跟随主的新信徒而言，大家一起查考圣经都很有益处。

　　第四个呼召，即跨文化宣教的呼召，这是主赋予个人生命里的更为具体的呼召。这可能意味着向另一个语言群体、种族或其他文化分享福音。这也可能意味着走出你所熟悉、感到轻松的地方，经过学习，进入一个完全不同的、让你感觉并不舒适的世界。

　　这种呼召并不意味着一定搬到别国，离开本国，甚至远离本家。事实上，这种呼召几乎总能在自己的社区中得以成就，尤其是在主城中心。令人惊讶的是，当地的教会很少有了解或认可这样的事工机会，尽管有各色人等就住在他们附近。必须有人把福音传给他们，这样他们才能听到和理解。这种类型的跨文化事工在前一章中有所体现，说到一位教会牧师在自己的教会附近发现了一个穆斯林阅览室和穆斯林社区。跨文化事工的机会实质上就在隔壁。

　　第五个呼召，是蒙召离开家，抛下熟悉的事物，搬到需要福音见证的地方（罗 10:13-15）。以弗所书4:11节指明圣灵呼召了一些人担任"使徒"或"奉差遣的人"。为了成就这个呼召，这些人需要离开本家，将福音传到未得之民和未得之地。鉴于尚有成千上万的族群仍属未得之民，如果没有许多信徒接受主的呼召，自己或带着家人离开本土搬到另外的地方，学习当地的语言和文化，并生活在未得之民中间，亲身作福音的见证，大使命就不会得以成就。

　　第六个呼召，被所属教会认可并接受。（罗10:11-15，徒13:1-3）。基督徒要在群体生活中活出生命，重大的决策也应该在群体中做出。在群体当中一起学习这些功课，可以让宣教士志愿者和教会中的其他人学会一起处理这些重要决策。因此，当地教会要像安提阿的教会一样，认真承担这个责任，这很重要。虽然保罗和巴拿巴有来自圣灵的特别呼召，但教会还是为他们祷告和禁食，在派他们出去之前还要按手、祷告。安提阿教会对待差派一事，按罗马书10:13-15的要求，认真负责，今天的教会也当如此。

第七个呼召必须谨慎对待。当一对已婚夫妻考虑宣教时，就必须解决呼召问题。夫妻必须领受到同样的呼召，才能考虑搬到新地方传福音（弗5:21-33）。夫妻可能因恩赐和机遇不同，在禾场承担不同的职责。但他们必须同意主对他们作为夫妻的要求，并了解他们正是因此而成为一个家庭的。虽然在某些宣教差派圈中并非总是如此，IMB不仅任命丈夫也任命妻子为宣教士。基督徒家庭可以极大地影响当地文化，因为他们塑造了基督徒家庭与其他家庭的不同之处。

此外，在许多文化中，只适合女性向女性分享福音，男性向男性分享福音。因此，考虑到恩赐和家庭的需要，夫妻双方必须都意识到主的呼召，去服侍，装备成为跨文化宣教工人。根据我们作为宣教志愿者评估员的经验，我们看到当夫妻不合一时，福音见证往往会受到损害，并且很少能坚持留在禾场。

在每个信徒身上，都有神的呼召，但是，这并不意味每个人都必须离开本国和本家，成为跨文化宣教士。因此，透过以上七个阶段的评价以后，就可以得到神具体的引导。

跨文化宣教的命令。这课圣经查考集中在使徒行传第10章，着眼于主开始如何打破犹太门徒以种族为中心的事工方式，并揭示给他们广大的外邦人也需要福音。这一经历向使徒彼得证明，神的计划确实意味着（如太28:19-20所述之大使命）万民。彼得需要这个异象，他这样才能充分理解神的救赎计划还包括所有外邦人，甚至包括占领政权罗马政府下属的人。

查考圣经可以挑战参会者，他们是否有自己的偏见和是否愿意离开自己舒适的生活和文化，搬到陌生和很可能不舒服的地方去住。这样的查经会证实他们得到的呼召是朝着这个方向走，或者会提出一些担忧和问题，在决定参加宣教事工之前必须先行解决。

宣教士的品德。第三课的圣经查考回顾了罗马书第12章和腓立比书2:1-5节的经文。通过查经，总结并对比了好与坏的性格特征，并将属灵恩赐与服事教会中其他人联系起来。我们认识到，这段经文没有具体说明对宣教士的要求。关键是要明白宣教士必须具有最高的品德，反映出基督的特征。这是主对其追随者的标准，在圣经的许多地方都有反映。查考圣经是进行个人评估和确定成长方向的机会。

宣教士的生活。 有人认为宣教士的生活，都是按计划进行的，是独特的冒险。跟从主的所有信徒，特别是跨文化宣教士，要超越文化和国界，面对从未经历过的各种挑战。在马太福音8:18-27节，耶稣要众人跟从他，很多人也表示要跟从他。耶稣只是为了考验他们有没有委身的意愿和动机。今天，我们也要对自己提出相同的问题。

本次圣经查考探讨了与宣教生活紧密相关的三个方面。当新的宣教士要了解在禾场如何生存时，这些方面的问题往往会使他们大吃一惊。首先是自己用惯了的东西没了。耶稣在马太福音8:18-20节中挑战想要跟随他的文士，告诉他生活不只是有所不同那么简单，而是比他过惯了的生活大相径庭，极不舒服。生活条件、食物、交通，甚至宣教生活的一些微妙方面，例如卫生、交通和噪音等一些看似微不足道的问题，在跨文化的种种压力下，都可能成为压垮骆驼的稻草。

接下来的两节经文反映了第二个方面的问题，即对家庭和家庭关系的潜在影响（太8:21-22）。在当今世界，电子通信使家人们即使相隔万里也能保持联系。但家庭关系面临的考验可能要深刻得多。宣教士由于服事地点遥远，经常错过家庭的重大时刻，例如婚礼、婴儿出生和亲人葬礼。在家庭出现危机的时候，怨恨可能会日积月累，因为宣教士不在国内能帮到家人承担重担。此外，宣教士的子女往往与他们成长的文化联系得更紧密，而不是他们父母的家庭文化。这会使他们在祖父母、叔伯和舅舅姨们眼中显得疏远。本可不必如此。宣教士可以利用机会以切实的方式与家人保持联系，例如记住生日和假期，并在有机会回家时就回去与家人共度美好时光。一位宣教士分享说：实际上，他母亲觉得自己与他的孩子比其他孙男弟女更亲近。那是因为当他们能够在一起时，他们花费了大量时间彼此陪伴，从而建立了密切的关系。尽管大部分时间他们相隔万里，孩子和祖母坚持定期写信，又交换照片，聊各自的故事，彼此分享生活。

对于宣教士家庭来说，与他们的大家庭的关系会发生变化并可能变得紧张，尤其是那些不理解宣教士呼召或不看重宣教大使命的人。这些考验是无法避免的，但宣教士和教会大家庭可以有意识地采取行动，充分利用这种情况。最重要的是，可以鼓励大家庭成员接受大使命和他们作为"差派者"的角色，而宣教士是"被差遣者"。在第五阶段"跨文化宣教计划"中，我们鼓励参与者列出成为优秀差派者所需要具备的条件，然后制定行动计划，开始履行该责任。

最后，第三个方面，圣经查考有助于宣教士应对一些看似无法克服的挑战。门徒在海上遇到的暴风可能代表宣教士在禾场可能遭遇的许多问题——难以克服的让人手足无措的问题。门徒如此惊叹耶稣控制恶劣天气的能力，其实马太福音8:23-27节在提醒我们，我们所服事的对象是谁，为我们提供了指望的基准。我们所事奉的主是宇宙的创造者，即使在暴风雨中，住在他手中也是最好的地方。这段经文给了我们在充满挑战的时期坚持下去的希望，即使暂时没有解决方案，也是如此。

"宣教士的生活"这部分内容的圣经查考有助于我们充分了解这些重要问题，在马太福音8:23-27节还表达了指望的基准。我们所侍奉的主是宇宙的创造者，即使在生命的风暴中，住在他手中也是最好的地方。这段经文给了我们在充满挑战的时期坚持下去的希望。

宣教士的事工。 最后一课的圣经查考内容是使徒行传第18章和提摩太后书2:1-3节。查考经文让我们了解了一世纪时教会如何开展宣教事工的——保罗和他的宣教团队将福音带到了当时已知世界的大部分地区。保罗使自己的努力倍增，因他能做到帮助和栽培他人。这些经文还可以让我们讨论和对比宣教士和牧师各自的职责。这两者有许多相互平行的技能，但宣教士必须牢记宣教事工的全部内容，要有意识地准备离开。

如果有意愿，任何会众都可以栽培宣教人才。从本质上讲，做门徒训练的教会就是在训练信徒理解并完全接受他们所得到的呼召。在群体中完成这一培训过程是门徒训练的重要内容。正如我们将在第六阶段"筛选和栽培跨文化宣教士"中讨论的那样，目标是帮助所有信徒在适宜的时间出现在合适的地点，使用主赐给他们的恩赐。在少数情况下，这种情况意味着做一名跨文化宣教士，并将一家人搬到异地来成就这个呼召。在大多数情况下，这种情况意味着在家门口上班，无论是做教会事工还是世俗工作，都要在失丧的世界中像盐和光一样生活（太5）。每当基督徒发现可以服事的地方，不管在哪里，对所有人来说都是值得庆祝的时刻。

第五阶段
跨文化宣教计划

近年来,在拥有近 2700 万人口的岛国马达加斯加,教会发展迅速。该岛南部地区人口稠密,教会开拓的速度很快。经过十年的扩张,结果那里的信徒意识到了神的呼召,有责任向其他从未听过福音的人分享福音。他们特别关注居住在该岛北部偏远地区的未得之民,该地区被崎岖的察拉塔纳纳山脉与南部隔开。山脉那边,几乎没有促进发展、便利交通和即时通讯的任何基础设施。

在马达加斯加浸信会总会,一群领袖开始祷告,并考虑如何带领各自的教会和会众来成就这个呼召。IMB有宣教士在马达加斯加开展事工,他们通过宣教士联系上我们,请我们的全球化团队到他们的岛上,帮助他们研究如何成为有效的差派教会，希望将他们自己的马达加斯加宣教士差遣到这福音未得之地。

到了这个印度洋小岛没多久，我们就爬上了一架单引擎塞斯纳飞机，"宣教士飞行团契"就此诞生。我们对岛的北部进行勘察，评估那里的基督教影响力和教会发展状况。IMB的两名宣教士和马达加斯加的三家合作方陪同我们，飞往他们认为具有北方代表性的那些地方。当时因为刚下过雨道路无法通行，但飞机可以把我们投到这些地方。当我们接近北部的土跑道时，"宣教士飞行团契"的飞行员开始盘旋，提醒当地农民我们在准备降落。然后农民们会把他们的牛赶出跑道，这样我们经过两次尝试就降落了。每到一个地方，就是中心市场和人口密集的定居点，我们会首先到当地警察局报备。外国人很少参观这些乡镇。

事实证明，这些地区不仅经济萧条，而且很明显，该岛南部的教会增长并未影响到这些偏远的北部地区。相反的，我们发现了泛灵论、祭祀祖先以及对拜鬼神的证据。当地居民在家中和树上摆放各种护身符、辟邪物和小物件，这些都是用来安抚邪灵的物品。我们发现了寥寥可数的几个基督徒，他们告诉我们当地人泛灵论的做法，并认可人们存在精神需求。甚至一位非基督徒地方官员也表示，人们需要基督教宣教士以积极的方式影响社会的发展。也许最重要的是，我们发现的这几信徒可以成为未来教会的基础。然而，这些信徒却表示，他们需要有领袖帮助他们在主里成长，并了解如何参与开拓教会。

随后过了一个星期，马达加斯加浸信会总会召开年会。与会的300名代表听取了我们的调查结果。在会议期间，大会成员以压倒性多数通过决议，同意挑选10人组成委员会，专门研究开展宣教的最佳方式。

几个月后，总会邀请我们回来召开《八大阶段》磋商会议，帮助他们实现得到的异象。在磋商过程中，我们与总会宣教委员会、总会领袖及其配偶的代表组以及IMB驻马达加斯加的三个宣教家庭逐个探讨了《八大阶段》。讨论坦诚、畅通，虽然每一阶段都出现了挑战，但组员们决心继续寻求主的引导，继续向前推进。小组的焦点又回到了最初的问题："神对马达加斯加百姓，尤其是北方百姓的心意到底如何？"

当他们寻求答案时，小组专门设定集体祷告的时间并阅读相关的经文。他们对北部马达加斯加人不同的语言和文化背景做了研讨，这些人生活的群体很少或根本无法接触到福音。然后，他们在墙上贴了一大张厚纸，在上面画出了岛屿的轮廓，标出了已知福音派教会的位置。该地图显示，该岛北半部的教会很少。因那里缺乏福音见证，他们便跪下祈祷，祈求主的领导和指引。

经过祷告、阅读和反思神的话语，这个小组决定继续向前推进，先制定一个有具体行动步骤的方案。他们成立了一个工作小组，确定初步行动内容，例如准备祷告用的材料向各教会分发。这些材料指出北方的失落，并为教会提供了具体的祷告事项。这些信息包括按地区划分的人口数量、未听到福音的马达加斯加人所信奉的错误宗教，以及对该地区访问及传福音的有限次数。祷告材料还指出神呼召"打发工人出去收他的庄稼"，诚如耶稣在马太福音9:37-38中的命令。

工作组应邀调查政府是否有就业机会。从马达加斯加南方的教会派宣教士到岛上这个一直缺乏服事的地方传福音，如果有工作还能保证一份收入。除此而外，他们还计划做其他方面的调查旅行。在这个小组离开会议室时，他们便深信主会供应所需的一切来成就他们得到的呼召，派遣宣教士到马达加斯加岛这个被长期遗忘的角落。

希伯来书11:6节告诉我们"……非有信，就不能得神的喜悦。"马达加斯加的这个小组形成压倒性的共识，他们需要凭信心"去"，跟随圣灵的带领，相信主会供应。因此，他们制定了一些简单但可衡量的行动步骤：

1. 挑选人员建立小组，充实他们的计划。
2. 向教会分发祷告信息。
3. 成立工作组，为前往该岛北部的宣教士寻找就业机会。
4. 计划更多的调查旅行，访问岛上偏远、从未去过的地方。

向前进

许多教会和牧师可能会觉得自己的教会规模小，或者经济上受限制，参与宣教的潜力有限。然而，即使是小教会也可以为宣教事业做出大贡献。每个教会在各项事工上都必须尽其所能，主放在其信徒身上的事情亦当如此。如果宣教是教会异象的核心，主必提供引导和资源。然而，为了取得进展，教会必须制定方案，就是有明显行动步骤的方案，以邀请和鼓励其会众充分参与，不论是做"差派者"还是"去"的宣教士。关于差派宣教士和如何能把宣教士留在禾场，教会有必要制定全面的计划。马达加斯加的众教会几乎没有宣教经验。不过，他们在接受了圣灵放在他们心中的宣教异象之后，便利用驻在本国的IMB宣教士的帮助、IMB全球化团队的《八大阶段》磋商会议、圣经查考和祷告，有意识地向前推进这项事工。据观察，重要的一点是，尽管 IMB 宣教士和咨询团队提供了意见和建议，马达加斯加人的宣教积极性却不是由"外人"发起的。马达加斯加浸信会总会在寻求主的指引和研读圣经之后，他们结合《持续宣教的八大阶段》的内容学习，制定了自己的宣教计划。对这个小组来说，尤其重要的是了解宣教事工的范围和第二阶段"教会动员"中的"六个重要问题"（见第 24 页）。

程式启动

我们建议教会采取下一页列出的五项基本行动开始差派宣教士的过程。其中一些在前几章中已经讨论过，例如要成为健康的教会，所有信徒都用自己的属灵恩赐服事教会。此外，教会需要确定如何提高对各级事工的认识，从所在社区的当地事工到跨越国界，甚至到国外的跨文化宣教。我们还建议成立专门的小组或委员会，推敲成为宣教教会的细节和范围；全教会参与整个过程，并尊重宣教士志愿者（无论是个人还是夫妻）的隐私。最后，教会应该制定行动方案来推动这个过程。其中包括筹集资金、建立合作伙伴，以及考虑在财务上和属灵资源上长期支持宣教士的影响。

成为宣教教会

成为宣教性的教会的基本要素是：

1. 请装备教会的每个信徒，能使用恩赐，服侍教会（弗4:11-12）。服侍教会，就是发掘有潜在能力之宣教士的第一阶段。
2. 徒1:8对跨文化宣教，提出了四个阶段的挑战，教会也要以此为目标，积极做好准备。首先是"耶路撒冷"——教会周围失丧的人；然后是"撒玛利亚（地理接近但文化与传统犹太人不同）"——当地的跨文化事工；"犹大"则表示，教会要接触更大的地区、州或省，或者具有相似或不同文化背景的人；最后，"到地极"。
3. 在教会里，首先要设立实际能带动宣教的决策小组，使宣教的教导更丰盛，更提升，并且，小组要和教会一起，制定实际可行的宣教计划，好在神愿意的时候，教会所有的事工，都能集中在宣教。
4. 教会决定的宣教事工，无论年龄大小，都务必全面动员，积极参与。

5. 制定一套宣教参与方案，要包含以下几个要素：

- 选定福音未得之部族或地区，开始具体祷告。
- 不论是国内宣教或国外短宣，都提供信徒参与跨文化宣教的机会。
- 为实际采取行动，须积极开发宣教基金。
- 要使用宣教专门机构和其他教会宣教委员会的经验和专业知识，特别要采用"动员祷告"这个宝贵经验。
- 教会要与具备评价宣教士资质的专业宣教差会合作。为了确认宣教士的准备状况，教会需要组织"小规模评价委员会"，赋予他们一定的权限。这个委员会也必须要保护宣教士志愿者的隐私，而且，不只为了教会，还有宣教士志愿者，及禾场的益处，务必进行正确的评价。（另见第七阶段"建立合作伙伴"）
- 差派长期宣教士的时候，须具体定好方案，在宣教士的事工期限之内，务必提供长期的各种支援，除了包含与教会领导的定期沟通，及不定时的禾场访问，与短宣队的同工等，也包括给国内的家人（如父母）提供需要的关怀。

在马达加斯加，制定跨文化宣教的计划，让总会的所有教会参与，速度相对较快。从最初的调查之旅到获得总会认可，并启动工作组行动方案，仅用了大约一年的时间。宣教士和当地教会牧师为此祈祷，起码是部分原因。在实际过程开始之前，他们心中的异象已经开始形成。许多总会的教会代表严阵以待，等待适宜的时间继续前进。在本国开展宣教事工，实际上简化了部分后勤工作。

将宣教计划付诸实施

相比之下，东古巴浸信总会花了大约三年的时间制定了有效的宣教方案。在刚开始，东古巴浸信总会的领袖知道是时候认真计划向国外差派自己的宣教士了。他们在前几年曾派过宣教士。但在协调、资金和旅行等方面受到限制，遇到了难以克服的障碍。

现在有了与IMB的关系，总会主席邀请我们以IMB全球化团队的名义前往古巴，帮助他们制定招募和差派由总会赞助的宣教士去国外宣教。总会的全体领袖出席了第一次会议。在会上，领袖们各自分享了神给他们的异象：首先差派宣教士到文化接近、讲西班牙语的未得之民中开拓教会，然后再扩展到其他语言和族群。

总会主席对于从古巴向万国传福音情有独钟。然而，他知道，无论是自己还是其他领袖，在这件事上，都不是制定方案、做决策的人。总会领袖们公认，由合适的人决定如何差派宣教士，很重要；更重要的是，差派什么样的人。这就需要一组专人，负责挑选和差派合格宣教士的具体任务。总会领袖经过祷告和讨论，他们认识到成功地向前推进会遇到许多挑战，最终才能在禾场看到古巴的宣教士。

由于联会已经建立了宣教主任的网络，主席便责成全国宣教部长组织成立国际筛选宣教士组。要成为新成立小组的一员，每个成员必须对宣教有热情，还需具备某项专业知识，增加小组技能。该小组吸收了代表每个地理区域教会的宣教主任。小组还需要一些专家，例如，能帮助评估和栽培宣教士志愿者神学造诣的神学家，能从生理和心理上诊断志愿者身体和情绪健康的医生和基督教心理学家。东古巴浸信会神学院的一位教授担任该团队的神学家，来自同一神学院的一位西班牙语教授同时被任命为他的助手，帮助编写宣教士申请材料。全国宣教事务主任还招了擅长行政和组织管理的秘书，专项负责宣教志愿者书面申请材料的管理。

组员确定之后，他们需要练习如何处理申请表。作为顾问团队，我们随后与他们多次开会，帮助他们编写申请表。我们也帮助他们掌握申请审核、面试和工作机会评估等方面的实用技能。针对宣教士的申请，该小组自行制定了决策流程，同时尊重申请人信息的保密性。

如前所述，制定这个流程耗费时间——大约三年，经过编写、演练，最后才被总会领袖批准实施。东古巴浸信总会制定的这个流程，不仅解决了与差派跨文化宣教士有关的所有基本问题，而且在结构和文化上也是古巴独有的。这就是《八大阶段》程式的目的。有了这些原则，差派教会和差会就可以制定本土化方案，有效地建立从任何文化背景到禾场的宣教差派流程。

现实的顾虑

当一个教会着意按步骤向前推进事工时，考虑到有些情况，可能会影响宣教士的去处安排。这些情况包括，准宣教士在宣教事工的不同要素上的经验、有效沟通所需的语言能力及特定工作所需的资质等。在其他情况下，在沟通、交通、儿童需求和接近目的地或目标群体等受到限制的情况下，要弄清楚如何完成事工就可能存在实际挑战。如果有需要，可以与已有的差派机构或在禾场的其他宣教团队建立合作关系，在基础设施缺乏或落后的地方，展开多方协助（比如找房子，安排交通等后勤援助）。

筹款始终是宣教工作的关注点。教会和机构认可的筹款方法可能是各种途径，例如直接支持、项目资助、合作捐赠和营商宣教（BUSINESS AS MISSION）。一种资金来源可能会不够，教会或机构必须开发多种资金来源。无论如何，向教会传达为宣教筹集资金理由的时候，必须一起考虑宣教士家人的需要，他们背井离乡到别的地方分享福音。这就必须保证他们开展宣教事工拥有足够的资金来源。

既然是筹款，在禾场如何使用这些资金，我们需要保持一定程度的警惕性。必须建立问责流程，向捐助者提供资金划拨报表。宣教意义值得研究，以解决可持续性、可复制性和可依赖性等关键问题。教会还必须应对自我倍增的挑战，其中包括当地教会的纪律约束问题。

新的宣教差派机构经常逃避的一项责任是宣教关怀。宣教士家庭在禾场遇到挑战，需要得到持续的经济支持和祷告，有时还需要教牧甚至临床护理。发展合适的合作方可以在这方面有所帮助，尤其是在教会或机构缺乏资源或专业知识的情况下。不过，即使是规模较小的教会也可以与宣教士保持联系，定期为他们祷告，关怀他们，并在特殊的日子里（如生日、节假日、伤心失落的时候）向他们打招呼。重要的是，正如在第二阶段"教会动员"一章所看到的，整个教会需要细心考虑宣教士的需求，并为这些家庭提供后援服务。宣教士关怀计划不是针对每个案例的标准，而是取决于每位贡献者是否能够接近目的地，及其提供的资源和专业知识。在这方面，如果差派教会具有良好的沟通能力，就可以很好地服务于宣教士，尤其是那些散布于偏远和困难地区的宣教士。当与教会、机构和差会的合作运行良好时，宣教士会大大受益，他们的需要也能得到有效和高效的满足。

正如我们所提到的，希伯来书11:6节说："人非有信，就不能得神的喜悦；因为到神面前来的人，必须信有神，且信他赏赐那寻求他的人。"宣教差派也不例外。我们不能等到拥有了所需要的所有资源才开始行动。

当我们凭信心走出去时，神常常供给我们所需要的资源。马达加斯加和古巴的众教会就是很好的实例。他们当地仍然面临着巨大的挑战和需求，尚未得到解决。然而，他们先就制定了宣教方案，神提供资源的时候开始向前推进。似乎他们越祷告，越顺服主的指示行事，前方的道路就变得越平坦，越容易战胜障碍进入未得之民和未得之地。当我们应用希伯来书11:6节中给我们的真理时，让这成为我们所有人的见证。

持续宣教的八大阶段

第六阶段
筛选和栽培跨文化宣教士

在东南亚一座富裕城市,有一间大型教会正在苦苦挣扎。教会的信徒和领袖们一直认为自己的教会是"有宣教意识的",但他们对差派长期宣教士基本上没有什么异象。教会信徒很乐意捐款支持短期宣教和人道主义援助项目,但不知何故,他们得不到长期宣教的异象:就是个人或家庭生活在未得之民中,学习他们的语言和文化,向他们分享福音,并建立教会。

教会领袖邀请我们的团队介绍《持续宣教的八大阶段》,并举办磋商会议。在他们逐项研究《持续宣教的八大阶段》时,整本圣经中神对万族的心意对他们变得显而易见。一位领袖坦言:"我们的宣教一直是玩闹。

现在是时候严肃以待了。"他们认识到，教会每年两、三次短宣并不足以体现神给教会的大使命。事情需要改变。

通过查考神的话语，教会领袖明白，要对全球失丧的人产生持续的影响，他们需要考虑在他们短宣过的地方长期驻人。当时，他们已经借着短宣成功地参与了国外的人道主义援助项目。在这些短宣过程中，教会信徒通过发单张或现场翻译与人分享福音，只是还没有建立跟进或开拓教会策略。短宣团队有助于向队员传递宣教异象，并动员教会信徒祷告，但一年就那么几个星期的短宣，并不能为当地人留下长期的宣教氛围。他们意识到自己需要在禾场保持长期的存在：教会差派的宣教士一边活出自己的生命，一边开拓教会。

然而，教会要差派长期宣教士，他们需要鉴别神呼召的会是哪些信徒；他们明白，仅凭积极性和短宣的经历并不足以从中鉴别出合适的人选。他们还认识到教会需要在内部更加有意识地培养宣教士。因此，教会制定了一个计划，将有潜在能力的宣教士组成一个小组，回顾和讨论第四阶段"栽培宣教士"里的圣经查考内容[10]。此外，在磋商会议上，我们向领袖们介绍了"宣教士之筛选和评价的五大要素"，以帮助他们了解如何在适宜的时间将适当的人选送到合适的地方，正如之前在宣教事工一章中所讨论的那样。在许多情况下，是由教会或机构会确定适当的人选，然后志愿者需要做进一步准备，以满足禾场的特殊要求。

为了帮助教会或机构认真彻底地筛选和评价宣教士志愿者，我们将宣教士生活的各个方面分为五大要素。当您阅读这些要素内容时，重要的是要了解该过程必须细致缜密，并且教会或机构挑选出来负责这项事工的评价团队必须是可靠的，严守秘密的。

宣教士之筛选和评价的五大要素

要素1——信徒与教会的本质

根据信徒和教会的本质评价志愿者的生命状况有助于确定合适的人选。不光是评价团队需要了解志愿者生命的这些状况，志愿者自己也要作评价，确定自己哪些方面需要加强。正如在"宣教事工"中有关栽培教会领袖的讨论一样，这样的评价过程让我们着眼于同样的三个方面：宣

---

[10] 可以在附录中查看"栽培传教士"中讨论的五个圣经查考内容。

教士志愿者要具备的是什么，他们要明白什么，以及他们要做什么。宣教士"要具备的是什么"？这方面必须与志愿者的基督徒品德有关。宣教士首先应该是耶稣的信徒，能够清楚明白地说出基督徒的见证。此外，他们的生命应该是彰显基督特性的见证。他们得到其他信徒认可，是品德高尚的人。准备参加宣教事工的志愿者必须得到当地教会的肯定。教会信徒应该看到宣教士志愿者在教会里外拥有健全关系的证据。最终，准宣教士被公认借着圣灵，生命已得改变，为了在生活的各个领域里，被神掌管，将自己完全委托给神的人。

宣教士"要明白什么"？宣教士应该对圣经，以及如何将圣经原则应用到日常生活中去，有深刻的理解和认识。他们还应该对神话语的权威有深刻的信念。他们应该定期自己研读神的话语，并在当地教会中教授纯正教义。

他们应该对基督教教义有清晰的符合圣经的理解，例如信徒的洗礼、圣餐和三位一体的教义：圣父、圣子和圣灵。此外，他们应该对罪的本质、神的品德、救恩和基本的教会学有深刻的理解，这些都是地方教会所教导的，并得到了基督更大身体（如差派机构）的肯定。

宣教士"要做什么"？他们拥有哪些事工技能，他们在群体中有哪些可见的见证反映出他们的内在品格？宣教士的行为必须与明确的基督徒该有的见证一致。他们必须遵守主对信徒洗礼的命令，并按照当地教会的惯例定期参加主餐。他们应该树立健全的基督徒纪律，包括个人和集体祷告、个人和集体圣经查考，以及使用自己的属灵恩赐服事教会。

第一要素将某人的基督徒本质与其在当地教会中的本质结合在一起。这些本质共同强调基督徒不是孤立地，而是在当地信众的支持下活出生命。因此，未来宣教士的基督徒本质在当地教会中应该是可见的、可展示的。

要素2——确认宣教呼召

第四阶段中，关于"传福音的呼召"的圣经查考，旨在帮助宣教士志愿者和当地教会探索基督徒呼召的各个方面。它还有助于志愿者澄清他们呼召的细节，特别是他们是否需要搬家到国外担任跨文化宣教士。全程通过当地教会筛选的志愿者接受信徒们的指导、祷告、磋商和肯定，呼召的细节也变得清晰。正如我们在"筛选和栽培宣教士"中所写，安提阿教会对待差派保罗和巴拿巴的事情严肃认真。他们很了解他俩，因为彼此已经相处了很长时间。这两个人在一项短期任务中证明了自己的忠诚,就是携带奉献的款项去帮助耶路撒冷的教会。尽管如此,教会还是按照圣灵的指示,在差派他们出去宣教之前作了祷告并禁食。

在第六阶段中的"评价宣教呼召"与前面第四阶段中描述的"调查个人的呼召"有些不同。在第四阶段中,志愿者通过七个不同的呼召阶段澄清主对他们生命的旨意。在本阶段,我们评价的是,这位未来的传教士是否就是神呼召做这项事工的合适人选。如果志愿者不能确定自己得到的呼召,我们鼓励他们回顾"传福音的呼召"中的圣经查考内容,走完本阶段的流程。

⇒ 评价宣教的呼召

在评价具有潜在能力宣教士的呼召时,评价者可以专注于四类呼召。分类有助于按给定时间的生活环境确定如何解释个人得到的呼召。

1. 得救的呼召:以信心和悔改回应主的恩典。
2. 传福音的呼召:所有信徒都是基督的门徒,同时也有栽培他人,成为门徒的呼召。
3. 生活上的呼召:在各自生活领域里,服侍神的呼召。例如:以父母、家庭,或单身服侍神。
4. 服侍教会的呼召:神赐给每个人不同的恩赐,服侍教会。所以,每个信徒都应该晓得,并且使用自己的恩赐,服侍所属教会[11]。

⇒ 呼召中的现实问题

我们在亚洲宣教士培训中心认识了梅*。梅已为参加海外宣教做了几年的准备;只是在她最后的准备阶段,她父亲意外过世。

她母亲残疾,一直由父亲照顾。在梅的家庭文化中,每个人都有责任供养需要特殊照顾的家人。梅是独生女,父亲的去世让她深受打击。他的死也意味着她做宣教士的机会被搁置,因为她现在有责任照顾自己的母亲。考虑到这些情况,她很难调和主放在她心中的呼召。关于"生活上的呼召"的讨论为梅提供了一个视角。上帝

---

[11]《根基》杂志"呼召"一文(弗吉尼亚州里士满:IMB,2018),第65-66页。

第六阶段－筛选和栽培跨文化宣教士

仍然可以在适当的时候使用她作宣教士,只不过现在她生活上的呼召是照顾自己的母亲。

在我们讨论整个差派程序的时候,我们必须平衡"(时间)适宜、(地点)适当与(人选)合适"。在梅这种情况下,她具备了海外任务所需的技能和预备,因此有资格成为合适的人选。适当的地方也已确定,因为她的背景非常符合禾场的需要。然而,并没有出现适宜的时机。最终,梅发现照顾自己的母亲,主利用这段时间是让她在所住的社区中做福音见证。她学会了祷告,求主一直在她心中放入传福音的呼召,让她有耐心随地事奉神。

⇒ 跨越族群和地域

有时宣教士会感受到呼召去某个特定地方或族群宣教。然而,当发生战争、自然灾害,或政府有限制,禁止宣教士进入他们蒙召去服事的族群或地方时,这种呼召会被破坏掉。虽然会有特定的呼召,而且确实会发生,但调查工作必须要跨越地方和族群。呼召必须是对主旨意的顺服,愿意跟随他的带领,即使前方道路变幻莫测。在《我们该差派谁?》[12]一书里,安迪·塔特尔曾写道,一项特定的任务可能是暂时的,但是神"传福音"的呼召却是一生之久。

在评价已婚的未来宣教士时,评价者必须愿意与同夫妻一起讨论呼召的概念。"传福音的呼召"里圣经查考的内容提到夫妻得到的呼召必须一致。通常,二人可能不会同时感受到呼召;夫或妻可能首先感受到自己的呼召。重要的是每个人都与自己的配偶分享这个呼召,但这需要耐心,主通常会根据自己的时间表在对方的生命里作工。关键是夫妻领受到同样的呼召,每个人自己的问题和顾虑留待时间去解决。

有弗兰克*和凯*这样一对夫妻。弗兰克感受到了强烈的跨文化宣教呼召。凯说自己在十几岁时就感受到了呼召,并记得自己在童年时参加教会的传福音活动,特别感兴趣。只是在结婚后,忙着上班,又生了孩子,还有年轻家庭的日常生活压力,凡此种种,呼召已经不知所踪。凯不愿说出自己的担忧,她不想在弗兰克的兴头上泼冷

---

12 安德烈·塔特尔著《我们应该差派谁?——了解差派宣教士的要点(Whom Shall We Send? Understanding the Essentials of Sending Missionaries)》,里面"传福音的呼召面面观"一章。乔尔·萨顿编辑(弗吉尼亚州里士满:IMB,2016年),第71页。

水；但她却无法分享他的热情，虽然她愿意做顺服的妻子，支持他。

当他们讨论去海外宣教的可能性时，弗兰克越来越失去耐心，这个话题也越来越让他们不舒服。当时，按照他的牧师的建议，弗兰克退让了，给了凯时间去处理自己的疑虑——这个过程花了大约三年的时间。

凯开始意识到她其实很担心自己留在美国的娘家人；她也害怕儿子长大了，不认识外祖父母；她不希望儿子错过像她那样在童年时代与自己祖父母相处的美好时光。然而，在过后的那三年里，神向她证明了他可以照看她的家人，哪怕她住在万里之遥的国外。神还通过其他宣教士的见证作出保证，他们都说自己的孩子与祖父母的关系反倒更亲密。最重要的是，圣灵用腓立比书4:19节里的应许平静了她的心，神会供应她所有的需要，包括她在美国的家人和她在禾场上儿子的需要。

回首往事，弗兰克和凯意识到，在这三年里神在他身上作了别的工。弗兰克在职场上学了很多关于领导力、应对逆境以及解决冲突和困难关系的知识。虽然这段时间过得比较艰难，这些经验和成长让他在禾场上遇到类似问题时，可以用圣经里的方式解决。

对呼召作评价不一定只是复选清单里的方框，也不是完成一份研究报告，而是努力寻求主，来肯定和澄清个人或夫妻应该如何顺服天父而活出自己的生命。随着时间的推移，主会明确他的旨意，倘若教会与宣教士志愿者同行，他们可以彼此支持和鼓励，一起走过这个过程。

要素3——宣教士的能力和资格

为了在合适的地方预备适当的人，对禾场某项特定工作所需要具备的能力和资格，我们需要详加考虑。

能力是在某事上取得成功或效果的本领。能够发起对话向失丧的人分享福音的本领便是一例；能够向一群牧师讲解救恩教义的本领又是一例。志愿者是否具备开展宣教事工的各项活动所必需的能力（例如，分享福音、训练新信徒，培训和装备教会领袖）？志愿者有一项需要评价的可能是学习目标语言的能力。

资格是指一个人具有适合该项工作的成绩（例如医学学位，如果该项工作与医疗保健相关）。今天，世界上许多国家不再发放宣教士签证。

宣教士必须具备一技之长或相应资格才能进入并留在该国。另一种资格可能是神学院的学位，这是禾场事工或者差会或机构任命宣教士时所必需的。在某些情况下，在神学机构任教可能需要高级学位（例如，圣经语言博士学位）。可能还有其他类别的资格可以让宣教士进入指定的国家。这些可能是大学学位、经证实的专业经验或该国可能认为足以授予签证的其他资格。

要素4——宣教士健康状态

基督徒和教会的本质、传福音的呼召、能力和资格，都是宣教评估和准备的重要方面。目标是根据宣教事工所需要的技能和需求，将事工机会（适宜的地点）安排给宣教士（适当的人）。然而，宣教士离开禾场，很少因为他们能力或资格不足，或者神学信仰有问题。未来宣教士生活的方方面面很容易观察、验证和评价。更常见的是，宣教士的事工徒劳无功，或者由于健康出现问题而必须离开禾场。因此，重要的是，要深入了解志愿者的身体状况、属灵状况和情感健康状态，对其开展全面评价，是否具备海外服事的条件。

在腓立比书2:25-30节中，保罗写信给腓立比的教会说，他要把他们的宣教士以巴弗提派回去，因为他在禾场生病了，需要回家恢复健康，而且能够减轻因疾病带给保罗和其他人的负担。这种情况描述的是，身体疾病限制了宣教士留在禾场执行任务的能力。在宣教士进入禾场之前，如果没有仔细评价其身体的健康状况，教会可能会造成宣教士和禾场团队陷于困难的境地。

评价某个地点是否适宜差派宣教士涉及该地的环境调查，是否会影响宣教士的健康。条件恶劣的地点会让宣教士们遭受前所未有的经历。罗斯玛丽*是来自美国的单身宣教士，被她的赞助机构派往南美洲安第斯山脉，位于海拔13,000英尺高的一个民族。她从未到过海拔如此之高的地方；而且，在她刚到不久，就患上了高原反应。虽然她希望自己能及时适应，但即使在那里继续生活了几个月，她的身体也没有适应。罗斯玛丽的健康状况持续恶化，直到再也无法开展事工。最后，她的赞助机构将她调到了海拔低得多的地方，以恢复她的健康。结果，在低海拔的环境中，她的身体不仅康复了，而且变得更强壮，能够继续忠心地开展事工，还富有成果。

如何才能让罗斯玛丽避免那数月的病痛呢？当已知禾场条件恶劣时，或许让宣教士在决定长驻前先做短期访问，看看他们的体质能否适应当地的条件，是值得一试的。如果罗斯玛丽在搬到如此高的海拔地区之前能够先期访问一下，或许她就能意识到自己应对高原反应的脆弱性。就她而言，幸运的是，她的健康没有拖成大病，问题就解决了。从宣教士评价中可以清楚看出，罗斯玛丽是合适的宣教人选。她的教会也肯定了她对跨文化宣教的呼召，时机也是恰到好处，只是这座高海拔城市并不是她服事的合宜地点。

同样，有些地方可能无法提供慢性病处置的药物和护理。有些地方空气污染很严重，极度危险，可能不适合患有严重哮喘的志愿者。背部有问题的志愿者如果被派往路途泥泞的地方事工，他们便存在永久性伤害的高风险。重要的是，我们要妥善管理神的资源，在差派宣教士之前先期检查其健康状况，以确保他们能够胜任事工并继续留在禾场。

如果志愿者患有某些疾病，其资格可能被取消，因为对个人而言容易出现生命危险风险高，而且由此产生的医疗费用会给差会和机构带来沉重负担。例如：I型糖尿病、器官移植患者、溃疡性结肠炎以及有恶性肿瘤和癌症病史的患者。在这些情况下，评价者应咨询医疗专业人员，保护志愿者的健康，并妥善管理财务资源。

体检可以找医生和通过医学化验来检查。情绪和心理状态健康与否，对跨文化宣教士，也非常重要。我们的心理、意志和情感，容易被虚伪诈骗，因罪恶蒙蔽，妨害宣教。跨文化的冲击，容易带来内在的疾病，有时甚至加深病状，因此，多留意心理健康，至关重要。

情绪健康出现问题的常见例子是过去遭受的性虐待问题悬而未决。比方说，一位女性在孩提时代遭受过性虐待，倘若她派往一种女性会在大庭广众之下经常遭受性虐待的文化中开展事工，她会受到怎样的影响？其他心理疾病如抑郁、焦虑、厌食症以及创伤后遗症。有些生活方式上的问题可能是源于生活中罪的行为，例如酒精中毒、吸毒或药物中毒、色情成瘾和不正常的性行为。有过类似经历的志愿者不一定会被取消资格，但评价小组必须确定已经发现并解决这些问题，然后才将宣教士派往存在高度压力的跨文化地区。情绪健康便意味着志愿者坦白了任何此类问题，了解并理解自己在基督里的身份，并让神的恩典治愈自己。通常在这些情况下，志愿者应该咨询专业的基督教顾问以确保情绪已经健康。根据疾病的严重程度，解决有时需要数周、数月甚至数年。

必须作出评价的另外两项是健康的夫妻关系和单身志愿者。夫妻必须肯定基督是他们的婚姻基础，并提供夫妻健康对话和沟通的证据。有的教会和机构要求至少结婚一年才能将其派往海外。志愿者应确认他们正在满足彼此的身体需要，并拥有一致的呼召去做宣教士。

作为单身宣教士，要能说明对单身的正确理解。确信一切都在神的计划中，把婚姻委托给神，始终以神仆人的身份，全心服侍神。

家庭评价的最后一个方面与子女有关。如果夫妻有孩子陪伴他们到禾场，那么，任何可能影响宣教家庭驻留的子女养育和教育问题，都必须得到充分评价。让我们再看看开篇"宣教事工"里记述的克莱默*一家的情况。克莱默家有一个16岁的女儿克里斯蒂，她在到达禾场后，在语言技能和社交生活方面都遇到了困难。由于她没有可以结交朋友的环境，因而得了抑郁症。她一家人最终不得不返回美国，解决她的情感问题。需要对有青少年儿童的家庭进行仔细评价，他们需要被安排在有机会茁壮成长的地方。

要素5——实际的准备事项

最后，我们必须考虑宣教评价过程中的若干实际准备事项。首先要考虑的是宣教士的经济支援。提供经济支援的方法有很多，教会需要在差派宣教士之前制定明确的方案，以确保宣教家庭在抵达禾场后拥有足够资源的支持。在第五阶段"跨文化宣教计划"中，我们讨论了如何筹款，还有与之有关的注意事项。克莱默一家的情况便是如此。因为缺乏这方面的筹划，导致一家人得不到足够的支援；初到禾场已是压力山大，缺乏经济支援让他们雪上加霜。

我们在确定合适人选时需要实际考虑的另一个因素，是志愿者的语言学习能力。如第一章中提到的迈克·克莱默，因为没有诊断出来的听力受损状况，影响了他学习声调语言的能力，并削弱了他的事工效果。其他因素也可能影响语言学习效果：比如，宣教士的年龄、达到所需语言能力水平需要的时间，以及语言学习需要花费的实际成本。

在整个评价过程中，我们必须对家庭义务作出评价。宣教士是否担负什么其他责任，会影响其在禾场的存留？附录中"宣教士生活"部分记录的圣经查考内容是很好的参考，可以帮助志愿者了解服事对家人关系的影响。志愿者在未来几年是否有责任照顾年迈的父母？志愿者在其原籍国是否拥有家族企业或房产？宣教士或其家庭是否负有债务，需要在被派往外地之前解决？

教会或机构也应该调查宣教士的永久居留权和签证资格问题。宣教士是否有资格获得进入宣教地的签证？志愿者是否已按照入境需要受过免疫接种？还有另一种可能更罕见的情况，倘若准宣教士有过犯罪记录，可能会失去入境某些国家的资格。

准宣教士家庭在挑选合宜的地方时，必须考虑子女的需要。关于养育子女，或是教育所需等，在宣教地有必须解决的事项吗？附近有哪些学校可供选择，他们是否负担得起学费？选择某种教育方法，是否能够满足子女得到适当的教育？东道国是否允许"居家教育"？如果允许，父母是否有能力在家教育子女，同时还能有效地开展宣教事工？对于家庭来说，甚至要考虑子女教育的长远未来（例如，可能在哪里上大学），这样才能确定中学教育能否帮助他们达到录取标准。这不只是决定子女可能上哪所大学，而且还要考虑将用哪种教学语言以及大学会有什么样的录取要求。

当我们在本章开头提到的那间东南亚大型教会召开《八大阶段》磋商会议时，会上提到了教会领导层未曾考虑过的一个事项，就是受抚养子女移居海外的意愿情况。教会领导层开始明白他们需要评价准宣教士子女的情感成熟度、健康状况，除此之外，他们还意识到同样要评价教育需求。结果，他们发现教会有一例，父母和老师都发现一个孩子学习很费力。了解到这样的情况，宣教士就要推迟出行安排，彻底考量出现的问题，并制定和采取适当的干预计划。一旦父母彻底解决了问题，就可以安排这个家庭到禾场了。如此一来，便确定了适当的人选及合适的地点。只不过，能保证他们留在禾场的时机并不适宜。后来，教会领袖承认，在评价中要关注细节。如果不能事先解决这些细节问题，这一家人完全可能在工作不几个月后就知难而退。

在宣教的任何阶段都可能出现各种不同的问题。因此，作出全面评价不仅对教会和宣教团队有利，也有助于宣教士家庭解决这些问题，使他们的事工富有果效，可以保证他们能够留在禾场。

宣教士的个别筛选过程

为了筛选适当的人选，配合适宜的时期，选择合适的宣教地，我们不但需要慎重考虑前面检讨过的5个要素，而且要使用更充裕的时间，作正确的评价和适当的调节。虽然我们不能要求宣教志愿者十全十美，但是他必须表现出与主同行，在全方位的生活领域里，完全委托神，在生命中成长，接受神的掌管。宣教士的属灵能力，就是考察他们与他人的关系，是否凡事正直，有否建立"以基督为中心"的相互责任感，以及对接受教导和责备的态度。

该评价过程的关键是教会如何开展评价，以及由谁负责收集申请材料和做面谈。作为《八大阶段》磋商的部分内容，我们要协助教会和机构建立与教会决策系统和教会结构相匹配的评价团队和申请流程。该评价过程可以通过不同方式进行，但始终要收集足够的申请人信息，结合当场面谈，并参考志愿者友人的意见。通过这种方式，教会或机构可以针对宣教评价的5个要素，创建志愿者任职资格档案。

如前所述，这个过程必须是彻底的，评价团队必须成为可信任的对象，并遵守隐私问题的保密原则。志愿者档案的电子文档和书面材料必须保存在安全的地方，由专人负责。当不再需要时，应严格按照数据存留的法律和政策要求，销毁这些材料，确保志愿者的隐私问题得到保密。通常志愿者在申请过程中会涉及到一些私人的和敏感的问题，因此，评价团队得到的这些信息和隐私问题的安全，必须严加保护。评价过程必须着眼于全人，本质上是整个家庭。

一个评价案例

在对宣教士志愿者及其家庭作出评价，以建立翔实的任职资格档案时，必须综合考量所有这些要素。对于与志愿者十分亲近的友人给出的意见，评价人员也需要明辨，抽丝剥茧。让我们来看看亚伦*和玛丽*的评价过程。

亚伦和玛丽居住在美国中西部的一座城市。他们是成年后开始接触的信仰，并很快参与了自己教会在当地的事工。他们的灵命很快成熟起来，不久就成为了教会的事工领袖。

在那段时间里，教会领导层有异象，要把会众中几个家庭迁移到一个没有教会的地区去开拓教会。亚伦和玛丽都没有受过正式的神学院培训或开拓教会的经验，但他们渴望参与这项新工作，并自愿加入团队。亚伦有经营小型家族企业的经验，而玛丽是一名幼儿园老师，所以他们觉得自己有资质和技能在新地方养家糊口。

搬家后，当他们协助团队开拓教会时，亚伦看到了在当地创业的机会。玛丽找到了一份教师的工作。有了这笔收入，他们盘算既能养家，又能为开拓教会做些奉献。这样，他们很快就可以请一位全职牧师了。每个星期，亚伦和玛丽一有空闲，都会花在服事社区和带领人们归向基督上。亚伦是一位老练的布道家，而玛丽喜欢训练年轻女性作门徒。

两年后，亚伦的生意蒸蒸日上，开始占用他服事的时间。但是，他认为事工比生意更重要。所以，他把公司卖给了他招募和培训的两个年轻人。不再经营企业了，亚伦有更多时间服事。很快，亚伦再次看到一个创业机会，可以创造收入，进一步支持教会植新堂。他的生意再次蒸蒸日上；他再次培训续任老板，把公司卖了个好价钱。

在他第二次卖公司后不久，亚伦和玛丽开始感觉到主正在呼召他们将福音传给海外的未得之民族。在他们母会的支持下，他们向一家美国宣教机构提出了申请。按照评价程序，该机构要求他们母会找几个熟悉亚伦和玛丽的人给个参考意见。

其中一名教会信徒说话有所保留。他说："亚伦是个不错的年轻人。他是忠心的基督徒、丈夫和父亲。但他从来没有牧养过教会，而且他工作没有长性。"这位信徒说，亚伦在过去几年里一直在换工作。"他先创业，业务量一大他就卖掉。每隔几年，他就会重新创业，然后将其出售给自己的员工。宣教士需要长期留在一个地方牧养教会，不是吗？"

这个好心人不明白的是，宣教士的职责和较为传统的教会牧师的职责存在区别。他不能完全理解，宣教士在一个基督徒不受欢迎、福音硬土的地方开拓教会，真正需要的是什么。考虑到亚伦和玛丽蒙召要去地方的局势，他所认为亚伦的弱项实际上可能是优势。

这个实例告诉我们，如要判定某位志愿者是否适合作宣教士，如要检讨友人意见背后的意思，需要作全人评价。我们一起评价所有五个要素，以全面了解志愿者的生活状况。尽管亚伦从未牧养过教会，但是他是一位有天赋的布道家和门徒栽培者。他有伯乐之能，并大胆放权。他善于创业，并且成功，然后在另起炉灶之前培养有能力的领袖继任。玛丽同样是一位有天赋的老师和门徒栽培者，并在开拓教会期间训练了几位女性门徒。作为一名教师和教会开拓者，她培养了许多宝贵的宣教能力。亚伦和玛丽是极好的榜样，他们的能力和资格完全可以用在宣教事工上。

最终，宣教机构差派亚伦和玛丽去了一个未得之民族开拓教会。迄今为止，他们已经帮助建立了若干新的教会。他们还为所建立的每个教会培训了领袖。

在第四阶段"栽培宣教士"中，我们查考了保罗在使徒行传第18章和提摩太后书第2章里的故事。通过保罗的例子，我们看到：宣教士开始工作，筛选栽培领袖，然后让他们与他一起去到下一个未得之民或未得之地。当保罗训练提摩太为这项事工栽培更多的工人时，他同样按照自己的建议装备了百基拉和亚居拉，然后，这对夫妻装备了亚波罗。在筛选具有潜在能力的宣教士时，我们指望他们拥有的技能可以用在宣教事工上。没有人十全十美。没有人拥有所有必要的天分和能力。但是神已经赐给一些人可以共用到宣教事工的经验和能力。这些人作为宣教志愿者，我们试图从中确定谁是适当的人选，我们希望在适宜的时间把他们送到合适的宣教地。

持续宣教的八大阶段

第七阶段
建立合作关系

　　缅街教会有数百名信徒，位于美国南部的一个城镇。缅街教会领养东南亚马拉卡尼族。有关马拉卡尼族的研究资料很缺乏，只知道那里有少数几个信徒，没有教会，也没有宣教士，更没有任何教会（或机构）想在当地开拓。缅街教会一边开始为马拉卡尼族祷告，一边派遣短宣队，实际考察当地的需要。

　　曾经一起参与缅街教会宣教事工的鲍伯和吉恩·史密斯夫妇*，在宣教旅行中，从神领受了跨文化宣教的呼召。史密斯夫妇与教会分享了这个呼召，教会透过祷告和一系列的考察后，同意差派并支援这对夫妇，成为马拉卡尼族的宣教士。此外，由于缅街教会对那个地区的宣教经验不充分，所以，决定与一个宣教机构合作，预先考察史密斯夫妇在禾场的需要，并且，在行政管理和宣教策略上，提供支援。

史密斯夫妇认真学习了当地的语言以后，被安排到所属宣教机构经营的一家旅行社，每周工作8小时，因此，解决了签证问题。之后，他们就搬到马拉卡尼族里，和他们一起生活了。刚开始的第一年，宣教事工进展得比较缓慢，然而，在事工正要起飞的时候，突然发生了意想不到的变化。就是这对夫妇所属的宣教机构，在邻国经营的旅行社，主要干部离职了。

根据这个宣教机构的判断，史密斯夫妇最好能移住到那里，经营那个旅行社。因为有很多的宣教士，是透过旅行社解决签证问题的，况且，从鲍伯丰富的工作经历，加上经营旅行社的经验看来，他是唯一能补上这个空缺的人选。

不用说，史密斯夫妇对这突如其来的变化，感到非常失落，主要是因为那个地方，没有他们"抱在怀里"的马拉卡尼族。另外，为了顾全大局，这个宣教机构，却又坚持史密斯夫妇，哪怕牺牲自己，也要服从他们的决定。

但是，他们所属的教会，因为没有适时得到提出解决方案的机会，所以，对这前前后后的决定，感到非常不满。他们认为这对夫妇，不能再集中于马拉卡尼族，所以对继续支援他们，提出了异议。史密斯夫妇，因为与在经济上支援他们的教会，以及管理全盘行政和签证的宣教机构之间，产生了严重的分歧，令他们进退两难，无所适从。

在初期阶段，教会、宣教机构和宣教士夫妇，的确都士气高昂，非常兴奋，只是没有及时制定好有关"结构"和"决策"的行政体制，因此，谁也没有想到会发生这样的结果。面对这个危机，各方都很难保持理智的心态，真要圆满达成协议，时间又不够充分。尤其当事各方远隔重洋，要适当地处理这个问题，难度之大，是可想而知的。

合作关系的价值

很少有宣教士、教会、机构或在禾场的团队一无所缺，能保证长期有效地开展传福音工作。即使大型教会和机构，在宣教事工上也经常需要帮助。精心策划的合作关系可以提供这种帮助。《八大阶段》帮助教会和机构调查并确定他们从主领受的具体呼召或异象，然后制定具体的行动步骤向前推进，并完全接受主的安排。期间，需要确定合作方和合作关系,帮助查漏补缺,成就异象。不过,这种关系的确立必须经过深思熟虑;有些关系在开始时非常友好,但遇到超出协议内容的意外情况时,却会引起冲突。

通达的教会和机构认可其他有共识的团体为宣教事工提供的经验、专业知识和接近目标群体的途径。例如,让我们回顾一下第一章提到的与古巴浸信会合作的积极成果。当时的情况是,古巴的医疗宣教士加入了当时在哥伦比亚开展事工的IMB团队。这般合作让古巴宣教士将精力集中在福音尚未传到的村庄上。这些村庄是土著保留地,哥伦比亚政府官员不允许美国宣教士进入。古巴宣教士由于其原籍国、医学培训和流利的西班牙语,不仅能有权进入,而且还可以根据自己的开拓教会经验,在该地开展宣教事工。重要的是,从一开始,这种合作关系对权责问题做过仔细讨论,最终富有成效。由此产生的合作关系使IMB团队、古巴差派教会和古巴浸信会的异象得到了成就。最重要的是,这种合作关系能保证在先前的未得之地开展积极有效的宣教事工。

合作关系中的注意事项

要建立合作关系,需要对教会或机构宣教的做法作细致的研究,包括管理权、决策权、监督权和经费管理等方面的问题。有时,这样的合作关系可能要求将管理权和监督权委派给第三方。也有可能要求把经费和资源交给合作方,至于这些资源如何使用的详细情况,则放弃监管。这样的合作关系也可能意味着放弃了做战略决策的能力。并非所有教会、机构和宣教士都能在这些事情上做出让步。任何合作协议,在达成之前,就这些关键问题,都必须做出谨慎和诚实的讨论。

在同意合作之前,还有需要仔细考虑两个与宣教学和神学有关的领域。在宣教学领域,重要的是讨论和澄清宣教士的职责、外来资金的使用、外部支援及其可持续性的前景,以及宣教方法。同样地,结成合作关系之前,应该调查对方的神学基础,包括针对基本要道、教会论、圣经论、教会领袖和教会圣礼等等的观点。对于大多数浸信会背景的教会而言,"浸信会信仰真义"[13]是达成协议的标准文献。然而,即使在浸信会界,某些教会也持有比较狭窄的神学观点。在达成协议之前澄清这些领域,可以避

---

13 美南浸信会,"浸信会信仰要义,2000年版",《信仰声明》,https://bfm.sbc.net/wp-content/uploads/2022/03/BFM2K-Chinese-simplified.pdf(2023年1月21日访问)。美南浸信会对教会的定义包括在第三步中,"地方事工:建立健康的教会"。

免潜在的冲突。在这类讨论中，重要的是要了解自己不容妥协的领域，当然还要认识到有哪些领域虽有偏好但可以灵活调整。

本章开始时介绍过马拉卡尼族的案例研究。当时，差派教会没想到，史密斯夫妻的居住地点竟然被这对夫妻签证的合作方更改了。发生冲突是因为该机构在做出决定之前没有咨询差派教会的意见。从该机构的角度来看，虽说再无良方，在认识到协议并没有明确决策权的归属时，合作机构本可以选择一种更具有和解性的行动方式，比如，找机会与宣教士和差派教会共同商讨。没有事先约定好决策权的归属问题，因此双方各行其是。事实证明，合作方的决定并不合适。很不幸，后果便是伤害了感情，产生了冲突，使宣教士灰心丧气，最重要的是，他们开展事工的民族失去了道成肉身的见证。

文化对合作关系的影响

既然找合作关系有这么多优势，那么缔结协议有什么阻力？对于合作协议的接受程度可能受到差派教会或机构所在的传统文化的影响。许多北美教会和机构将当地教会的权威，以及全力以赴参与宣教事工的责任，视为至高无上；他们可能认为没有必要建立合作关系。其他如拉丁美洲的文化，更习惯于成群搭伙工作，因此通常愿意与人合作，能有更多协作方式更好。

重要的是，从一开始就能认识到文化视角各不相同，因为这种理解有助于澄清合作双方各自的期望值。举例说明，北美人常要将工作与社交和家庭生活分开，因此他们可以用分割视角看待多元文化宣教团队的运作情况。其他如拉丁美洲的文化，人们大多愿意在社区中生活，事工和个人生活搅合在一起。真正的合作关系需要每个同事或各方都以对方的需要为念，遵守腓立比书2:3节中提出的要求："凡事不可结党，不可贪图虚浮的荣耀，只要存心谦卑，各人看别人比自己强。"

腓立比书里的这句话应该是对所有合作方（宣教士、教会和机构）的挑战，挑战他们认可他人的需要，认可大使命所吩咐的"使万民作门徒"的首要任务。当合作各方一起讨论并采用新的结构和计划时，在没有教会的地方建教会的异象仍是努力的核心，这一点势在必行。这实质上是将异象集中在有效开展宣教事工上。

对于在宣教方式上独立的当地教会而言，他们的视角可能不太在乎能否"做得更好"；但要是依赖他人，便是放弃了本应属于当地教会的自主权。与之相反，美国教会也有为大使命而合作的实例，令人信服。自1925年以来，美南浸信会内部的"合作计划"已成功地汇聚了成千上万个教会的财务资源，以加强差派力度。这种合作方式鼓励各教会，无论规模大小，都能在差派宣教士的事工上发挥作用。个别教会虽然放弃了某些战略决策和控制权，交给了代表联会里全部教会的代表——受托人委员会，但总体好处是，教会不必拥有宣教的各方面的专业知识，却仍能参与某项宣教事工，以期每个未得之民和未得之地都能接触到福音。

宣教士领导才能和经济支援的挑战

宣教士像当地教会一样，也是具有独立精神的个体，这种特点在孤独、考验人的环境中殊为重要。他们要求赋权，并且说了算，同时保持适当的问责制度和栽培制度。主建立教会，是他选定的为实现大使命的行政结构。但是，很少当地教会拥有现今差派宣教士所必需的各方面深厚的专业知识。因此，当地教会需要信任那些全时间"专事宣教"的机构和组织的专业性，并且了解如何合作。这些机构有能力在世界各地展开适当的事工战略，这些地方大多独特，都是跨文化背景，有的地方甚至存在着安全问题。在这些合作协议当中，机构、教会、禾场上的宣教团队都应该尊重每一方的观点，并重视每一方在宣教事工上的贡献。对于教会而言，最重要的是，建立国度资源的管道，将福音传给那些从未听过的人。宣教机构常常是向至今现存的广大未得之民传福音的唯一倡导者。

诚如当地教会了解与机构合作差派宣教士的价值，机构同样必须认识到，没有当地教会，就没有宣教事工；宣教士和宣教士得到的经济支援都来自当地教会。此外，在当今社交媒体和即时通讯方式发达的时代，人们对教会的定位更是期待教会对宣教事工产生更直接的影响。现在的交流沟通方式也来越改善，今天的宣教士可以很方便地向自己的母会寻求异象、关怀、祷告支持，甚至邀请个人参与宣教事工。

各禾场的实际情况不一样，并非适合任何一种行政结构，并且会随着事工的发展和越来越成熟而作出改变。有的宣教事工，最初可能只是一对夫妻在做，最终可能演变为多国若干宣教机构和一个不断壮大的本土教会的共同努力。这项事工的决策和责任范围将随着事工越来越成熟的脚步而改变，并有望由本土教会接过全部责任，从而发展成为一个健康的教会，是时候退出合作关系，接受自己在大使命中的职责。

持续宣教的八大阶段

富有成效的合作关系

　　岛国菲律宾有7,000多个岛屿，上面分布着五家浸信会大会。早年间，按照行政区划，各岛屿之间的通信和交通较为困难，这些独为一体的大会逐渐发展成规模；这些大会的创立，是为了每个地区的当地教会提供协调和支持。这些大会与其他浸信会组织（如神学院和国家妇女宣教联盟）多年以来一直对宣教感到兴趣，并且已经几次成功地将宣教士差派到其他国家。

　　不过，这些大会又发现了一个现有的渠道。通过这个渠道，他们可以彻底改变局面，大大增强宣教事工的力度。这个原因与菲律宾的经济状况有关，为向世界各地传福音提供了敞开的大门，有些地方甚至是西方传教士也很难进入的。由于菲律宾的失业率很高，成百上千万的菲律宾工人每年离开自己的家，到异国他乡寻求就业机会和高工资。这些菲律宾人通常做家政，例如保姆和清洁工，或护士或饭店招待等工作。这些工作大多在亚洲或中东。因此，菲律宾的众教会和浸信会大会发现它们处于这样一个独特的位置，不仅可以通过传统的教会提供经济支援的手段，还可以通过提供海外就业机会的方式差派宣教士。

　　为了协调这些宣教工作，五个大会合作建立了统一的宣教机构，称为"合一差派机构（ONE SENDING BODY, OSB）"。他们协商同意，该机构将负责协调这些"制造帐棚为业"的宣教士的差派工作，包括制定宣教士培训方案，确定工人的安置地点。各大会认识到，五家齐心才有力量；为大使命的缘故，各自麾下的教会必须拧成一股绳。

　　其中有一所神学院自愿将其校园作为宣教士的培训地点。作为《八大阶段》磋商团队，我们为菲律宾的教会领袖、宣教士，连同OSB董事会成员，一起举办了一个研讨会。然后，OSB的董事们回到各自的大会，便与下面的牧师和教会领袖们分享《八大阶段》的材料。这些大会现在正与OSB一起共同努力，确定往哪里差派宣教士，如何加强各自的宣教评价过程，以及在五个大会的教会中作宣教动员的最佳方式，帮助他们确定如何参与宣教，并在差派菲律宾的跨文化宣教士事工上贡献一份力量。

学会合作

　　让我们再次回到马拉卡尼族，看一下当时在那里宣教的史密斯一家人所面临的情况。最终的局面是，宣教士、差派教会和差派机构能够充分讨

第七阶段－建立合作关系

论形势，各做让步，并一起达成一个建设性的推进方案。在这样做的过程中，每一方都花时间澄清对决策权的期望，他们界定了管理权的流程，既能共享又不妨碍宣教士在禾场的事工。此外，该机构设法解决了旅行社的领导问题。最终，史密斯一家得以恢复在马拉卡尼人中的工作。即使发生冲突，如果各方都愿意接受圣经原则，那么马太福音第18章就提供了解决问题的框架。

合作关系并不仅限于一个国家或一种文化下的教会和机构之间的合作。未来几年，北美教会和机构将与主体世界的同行合作，这个问题将变得越来越重要。这样的合作将带来挑战，例如，如何保证拥有多元文化的宣教团队运作良好。不同的文化视角会在关键问题产生影响，例如决策权、问责制、领导权和资源调配权。

这些文化视角及其细微差别可能对大量领域产生影响。例如，主体世界的合作方高度重视建立在信任基础之上的关系。北美合作方高度重视书面协议，双方一一列明协议细节，并有签名。在财务资源方面，主体世界的合作方参与宣教事工往往必须做出巨大牺牲，而北美合作方开展宣教事工则往往拥有丰富的财务资源。衡量标准不应该是衡量各方是否有平等的捐献，而应该是衡量是否有平等的牺牲，无论捐献的内容是什么。家长式作风、对外部支援的依赖程度、事工的可持续性和可重复性，都是需要考虑的问题。北美和主体世界的合作方都必须承认各自为宣教界带来的价值，并以谦卑的态度彼此顺服。随着主体世界差派越来越多的福音派宣教士，北美教会和机构必须去发现在合作机构里做仆人式领袖的意义，甚至可能要重新定义自己在宣教事工上的职责。除了投身宣教第一线之外，他们可能还必须承担促进、指导和鼓励的职责[14]。

许多国家的教会越来越发现合作差派的好处，也越来越学会如何应对管理权、问责制和合作方式等方面的挑战。我们事工效果若要最大化，意味着我们必须建立相互问责和相互依存的管理结构。这从一开始就需要大量的工作，但当我们决定如何在圣灵的带领下携手前进时，就有可能收获很多国度的果子。

注：本章中的材料改编自卡尔顿·达吉夫*《我们应该差派谁？——了解差派宣教士的要点》里面"禾场上持续发展的关系"一章。乔尔·萨顿编辑（弗吉尼亚州里士满：IMB，2016年），第253-260页。

14 保罗·博维克在《西方基督徒与全球宣教：北美教会的职责是什么？（Western Christians in Global Mission: What's the Role of the North American Church?）》"合作公平等原则"中讨论了合作、仆人和牺牲的主题（伊利诺伊州唐纳斯格罗夫：InterVarsity出版社，2012年），第149-156页。

神将大使命赋予基督的所有教会，无论其位置是否偏远、规模是大是小。重要的是，我们要认识到每个人为事工带来的价值，并在我们一起向那些从未听过福音的人分享福音时，培养出一种彼此服侍的态度。这可能是北美合作方要面临的最大挑战，因为他们要从监管的地位转变为服从主体世界合作方的领导。

结 论

　　世界人口增长到近80亿。政府对基督教，尤其是福音派基督徒，越来越怀有敌意，因为福音派基督徒相信耶稣基督救恩的福音具有排他性。在写作本书之时，仍有超过3,000个族群，福音没有传到，也没有福音见证人。世界上的城市里难民、移民和寻求更好生活的人口在呈指数级增长，其中大多数人几乎没有听说过耶稣基督的福音。大使命是一项艰巨的任务。我们教会如何才能对失丧的灵魂产生更大的影响力？从第八阶段"禾场"开始，对整个宣教过程至关重要。我们一切的努力必须围绕在未得之民和未得之地有效地开展宣教事工这件事上。尽管我们在强调传福音的时候，大都引用马太福音第28章最后几节里说的大使命，但我们常常忽略耶稣在向门徒发命令时说的另外两句重要的话。大使命始于耶稣说："天上地下所有的权柄都赐给我了"（太28:18）。这句话意义重大。不只是部分权柄，而是所有权柄。这意味着，他对我们生活的这个世界拥有绝对主权。在地上时，他通过行神迹展示了这种权能。他行的最重要神迹是在门徒们担心丧命时平息了海上的风暴（太8:23-27）。门徒很惊奇，连风和海都听从了他。同样地，直到今天，我们的宣教事工也存在着各种各样的威胁。

　　基督的第二句重要的话是他如何在马太福音中结束大使命的陈述的："且看哪！我就常与你们同在，直到世界的末了"（太28:20）。这意味着他永远不会抛弃我们，因为圣灵，我们的帮助者，或保惠师，已经来帮助我们（约16:7）。这句话实在太安慰人了。全能的耶稣，他拥有对所有受造物的权威，已经应许与我们肩并肩，帮助我们。我们所要做的就是"使万民作他的门徒……凡他所吩咐我们的，都教训他们遵守。"

　　在事工的过程当中，有时我们会混淆了自己的职责。有一位宣教士在禾场的事工殊为艰难，到期后，他说："我去禾场可不想看不到果子。如果看不到果效，我想自己肯定不再做下去。"事工没有果效的确令人沮丧，但是每个基督徒其实都可以尽一份力的。在罗马书10:14-15中，保罗问道："没有传道的，怎能听见呢？若没有奉差遣，怎能传道呢？"因此，对于向世人传福音的整个过程而言，奉差遣和传道的任务都很重要。然而，我们却无法控制属灵的果子。在哥林多前书3:6节中，使徒保罗承认，是他播下福音的种子，亚波罗浇灌这些种子，但是叫种子生长的是神。我们所做的努力也是如此。我们有自己的职责，我们必须尽自己所能忠心地完成自己的职责。但是，我们能看到的任何属灵的果子都出于神和他手所做的超自然的工。

对于这位灰心丧气的宣教士和他关于需要结果子的说法，我们一定要挑战他。挑战在于，如果神呼召他去某地开展某项事工，宣教士应该接受呼召，并用顺服的心跟随圣灵的带领。会不会结果子则在乎主。我们不对结果子负责，但我们有责任忠于他的呼召，顺从他的带领去任何地方。这并不意味着我们不用仔细评价自己的事工方法和策略，我们只是无法控制能否结果子而已。我们必须把能否结果子的事情留给他。

众多失丧灵魂有待拯救，余下的任务如此艰巨，但我们必须认识到，神要在万民中彰显自己的名，并且为这项任务提供了一切资源。他在世界各地建立各种形式和规模的教会：从富裕的北美教会，到共产主义国家遭受逼迫的教会。即使是最贫穷国家的教会也理解神的呼召，就是他说的大使命。当教会读神的话语时，圣灵会感动他们顺从大使命。当他们凭着信心走出去时，神为他们开道路使他的旨意成就，借此实现他的应许。有些教会和机构来自贫困国家，或或许遭受政府逼迫打压，它们仍在寻求创造性的方法差派工人去收割庄稼，看到这样的情况，应该鼓励到我们所有人。马太福音24:14节的异象实在是真的："这天国的福音要传遍天下，对万民作见证，然后末期才来到。"这异象正应验在我们眼前。神定意成就自己的旨意。教会的职责只是顺服，完全接受他的呼召。

那么，这《八大阶段》有什么帮助呢？重要的是，我们将自己在大使命中的职责视为持续性的。我们的职责不只是分享福音那么简单。宣教事工必须得到整个教会的参与，并建立从当地牧师和当地教会一直到宣教禾场的桥梁，以与全世界分享福音。我们所做的一切全部在内。我们必须集中全力在各民族和地方建立健康、可倍增的教会，这样他们也能完全接受神对他们参与大使命的呼召。

这样持续的事工将得到神在世界各地教会的参与。神在呼召自己的教会，他的教会也在作出回应。教会必须统一作战：北美教会与南美教会合作完成任务；非洲教会必须与亚洲教会同工，这样，我们才可以继续走下去。每个地方教会都会认识到其独特的呼召，并忠实于这个呼召。我们在这项艰巨任务上各有自己的职责，可以在装备人、促进事工、接受挑战和合作努力等方面发挥作用。神所有的教会都有一项工作要完成，要完成神呼召我们做的事情，我们需要彼此。

持续宣教还关乎把健康的宣教士留在禾场上。我们发起建立的宣教八大阶段的程式，就是为了解决如何保证把宣教士留在禾场上的挑战。神计划向世上万民分享福音，道成肉身的见证则是这个计划的核心。正如前面罗马书第10章所提到的，必须有"传道的"（或传道人），并且他们必须"奉派遣"。这样一来，差派宣教士并保证他们能够留在禾场，就成为教会的主要责任。

这并非易事，也不简单，却是值得做的正确的事。我们也在祷告，希望对《持续宣教的八大阶段》的每一阶段进行的回顾和研究，能帮助和鼓励世界各地的教会、机构和宣教士对自己现在做到了什么程度作出评价，确定推进这一事工的具体步骤，然后采取行动，更充分地接受神放在他们心中的呼召。在以赛亚书46:10节中，先知回顾神的应许，神保守生活在艰难困苦中的以色列儿女："……我的筹算必立定，凡我所喜悦的，我必成就。"这应该鼓励到耶稣的每一个追随者，因为终必赢得胜利。让我们一起投身于这项伟大的事业中，认识到我们的救主耶稣基督已经邀请我们与他同工，一起完成为救赎世界的任务。没有旨意比这个更大。

孔天威，教育学博士
阿曼达·丁佩里奥·戴维斯，教牧学博士

持续宣教的八大阶段

作者简介

孔天威 博士是负责全球战略的副总裁，为IMB服务了三十七年。他负责离散宣教士族群的任务策划、全球调查和全球化团队。他与妻子辛西娅在巴西宣教了两年，随后在东亚二十三年。在禾场的职责包括开拓教会、行政管理、教育和栽培教会领袖。在担任现职之前，他在美国本部领导IMB宣教士人事评价与安置的工作，长达八年。

孔天威拥有德州农工大学（TAMUC）的农业教育与生物学学士学位、教育管理和化学硕士学位，以及北德州大学（UNT）的教育管理和认知教育博士学位。他还曾就读于西南浸信会神学院，目前担任该学院的兼职宣教学教授。同时也是《我们应该差派谁？——了解差派宣教士的要点》的特约作者。他已结婚四十六年，育有一子两孙。

阿曼达·丁佩里奥·戴维斯，IMB全球化主任，为IMB工作了二十年。作为一名单身宣教士，也是媒体宣教士，她曾在墨西哥、玻利维亚、秘鲁和哥伦比亚开拓教会。她毕业于阿拉巴马大学伯明翰分校（UAB），获得大众媒体和广播传播学士学位，并在西南浸信会神学院获得圣经语言神学硕士学位。阿曼达还是美国临床病理学会注册的医学实验室科学家，获得理学副学士学位。她最近获得了中西部浸信会神学院（MBTS）的基督教领导力教牧学博士学位。阿曼达目前在西南浸信会神学院（SWBTS）担任英语和西班牙语课程的兼职宣教学教授。她嫁给了同样在IMB任职的雷·戴维斯医生。

持续宣教的八大阶段

附录

教会和宣教方面的圣经查考

第一课

传福音的呼召

跨文化宣教的呼召,不是单纯简单的事件,而是神呼召他仆人的过程。这个呼召可以分为以下七个阶段:

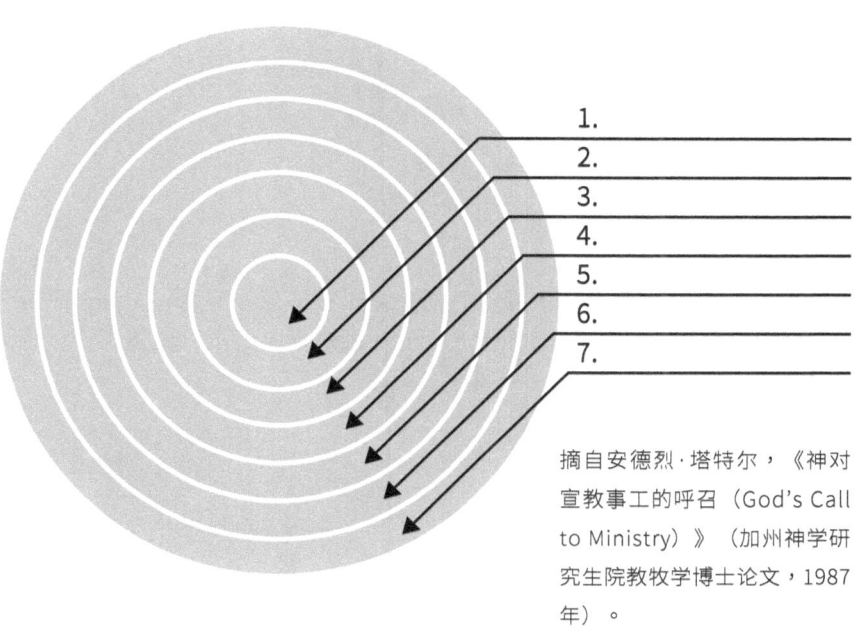

1.
2.
3.
4.
5.
6.
7.

摘自安德烈·塔特尔,《神对宣教事工的呼召(God's Call to Ministry)》(加州神学研究生院教牧学博士论文,1987年)。

1. 在耶稣基督里的，得救的呼召。（罗3:23、6:23；约3:16-17；约1:12）
请确认他们有否以信心和悔改，回应神的呼召。

2. 恢复神与人的关系（林后5:17-19），带领人回应基督的呼召。

3. 所属教会服侍的呼召。（罗12:4、12:6-8；林前12:4-6；12:27-31）

4. 跨文化宣教的呼召（弗4:11-12），回应"谁是宣教士？"。

5. 跨越文化的障碍，向未得之民传福音的呼召。（罗10:11-15；约20:21；徒1:8）

6. 被所属教会认可并接受。（罗10:11-15；徒13:1-3）

7. 夫妻要领受同样的呼召。（弗5:21-33）

概要

在每个信徒身上，都有神的呼召，但是，这并不意味每个人，都必须离开本国和本家，成为跨文化宣教士。因此，透过以上七个阶段的评价以后，就可以得到神具体的引导。

基本上，所有信徒在以下范畴内，都领受了神的呼召：

1. 得救的呼召：
以信心和悔改，回应神的呼召。

2. 传福音的呼召：
所有信徒都是基督的门徒，同时也有栽培他人，成为门徒的呼召。

3. 生活上的呼召：
在各自生活领域里，服侍神的呼召。例如：以父母，家庭，或单身服侍神。

4. 服侍教会的呼召：
神赐给每个人不同的恩赐，服侍教会，所以，每个信徒都应该晓得，并且使用自己的恩赐，服侍所属教会。

第二课

跨文化宣教的命令

使徒行传第10章

第1部分：预备哥尼流的神——徒10:1-8

哥尼流是谁？（1-2节）

神如何垂听了哥尼流的祷告？（3-6 节）

遇到天使以后，哥尼流做了什么？（7-8节）

第2部分：预备彼得的神——徒10:9-16

彼得发生了什么事？

神命令彼得吃大布里的走兽、昆虫和飞鸟，彼得有什么反应？

为什么同样的异象，连续向彼得出现三次？

第3部分：彼得去凯撒利亚见哥尼流——徒10:17-23

彼得意识到这三个人是神差派来的，就留他们住一宿。（23节）

第二天，彼得和其他弟兄一起，随着三个人去了。（23节）

哥尼流因失误，跪拜了彼得。（25-26节）

哥尼流和彼得分享了个人的异象。（28-33节）。

第4部分：彼得传讲福音——徒10:34-43

彼得释放了自己领受的真理。（34-35节）

彼得阐明了唯有借着耶稣基督，罪才能得到赦免。（35-43节）

第5部分：圣灵证明了他们得救——徒10:44-48

圣灵降临在他们身上，因此，彼得和所有的人，领悟了这一切事都出于神。（44-46节）

彼得决定，应该给这些初信者施洗。（47节）

彼得为了使这些初信的人，成为耶稣的门徒，又多住了几天。（48节）

结论

在使徒行传第10章里，有关跨文化宣教，我们学到了什么？

在使徒行传第10章里，有关道成肉身的宣教，我们学到了什么？

使徒行传第10章，对于我们准备跨文化宣教，有什么帮助？

第三课

宣教士的品德

罗马书12:3-21

请读罗马书12:3-8节。

在教会里,为了建立基督的身体,我们都成了不同的肢体。

A部分:

请根据罗12:9-12节,在以下左边的空格,写出我们要顺服的命令,右边空格里,写出不顺服的结果。

	要顺服的命令	不顺服的结果
例:	9节,不虚假的爱	偏爱

B部分：请读腓立比书 2:1-5节。

请比较罗马书12章和腓立比书2:1-5节的内容。

在徒10章里，彼得见到了哥尼流，他如何实践这个命令？

回顾自己的生活，是否忽略过罗马书 12:9-21 的教导。

附录

第四课

宣教士的生活

马太福音8:18-27

序论

有人认为宣教士的生活,都是按计划进行的,是独特的冒险。跟从主的所有信徒,特别是跨文化宣教士,要超越文化和国界,面对从未经历过的各种挑战。耶稣要众人跟从他,是为了考验他们有没有献身的意愿和动机。今天,我们也要对自己提出相同的问题。

第1部分:文士和舍己——马太福音8:18-20节

耶稣对有意献身跟从他的文士,有什么反应?

耶稣的回答,超越了对"处所"的概念,它真正的含义是什么?

主呼召的时侯,在实际生活中,我们必须放下的安逸和富足是什么?还有什么放不下的,仍使我们辗转反侧,痛苦忧虑的呢?

第2部分：门徒和家庭——马太福音8:21-22节

这个门徒的要求合理吗？

为什么耶稣用这么严厉的口气回答他呢？

服从耶稣的呼召，会给家庭成员之间的关系，带来什么样的影响？

第3部分：门徒和暴风——马太福音8:23-27节

门徒看到暴风，为什么那么惊恐？

门徒做出的正确行动是什么？

在26节，耶稣为什么指责门徒？

借着这次的暴风，耶稣想给门徒什么教训？

附录

第五课

宣教士的事工

提摩太后书2:1-3；使徒行传18:18-27

第1部分：保罗为提摩太制定的宣教策略——提后2:1-3节

在外邦地区开拓教会时，保罗把策略的基础设在哪里？

第2部分：保罗训练与栽培亚居拉和百基拉——徒18:18-27节

请简述在以下经节里，所发生的事。

- 保罗每到一个地区时，有什么特征？（18节）

- 保罗和他的同工抵达以弗所以后，做了哪些事？（19-20节）

- 保罗每访问一个地方，都做了什么？（22-23节）

- 亚居拉和百基拉接亚波罗来，作了什么？（24-26节）

- 他们夫妻的事工，结了什么果子？（27-28节）

第3部分：保罗的行动策略

保罗在提后2章里提出的策略，和在徒18章里的实际行动，有什么关联？

宣教士在服侍的时候，能从保罗身上，学到哪些策略？

教会牧者的事工，与跨文化宣教士的事工，有哪些差异？

www.ingramcontent.com/pod-product-compliance
Lightning Source LLC
Chambersburg PA
CBHW030232100526
44583CB00013BA/970